いにしへびとの世界 1

烏《え》帽《ぼ》子《し》と黒髪

―中世ジェンダー考―

野村育世

同成社

目次

装　丁　吉田有希
イラスト　野村育世

プロローグ　男とは何か、女とは何か

とりかへばや！

時は平安時代の終わりごろ。関白左大臣の二人の妻から、それはそれは美しい娘と、それはそれは美しい息子が生まれた。二人は、大切にかしずかれてすくすくと育った。娘は男の子らしく、息子は女の子らしく。

ため息をつきながら、父は言う。

「とりかへばや。」

我が子二人の性別を取り替えたい。この父の想いが、物語のタイトル『とりかへばや物語』（十二世紀後半）となった。人の個性や能力は、社会が期待する男女の役割と必ずしも一致しない。平安末期の貴族たちは、そのことを知っていた。そして、この稀有な物語が生み出されたのだ。

とうとうあきらめた父は、二人の個性をそのままに、娘を「若君」、息子を「姫君」と呼んで、なりゆきに任せることにした。かくして、関白左大臣家は、大きな秘密を抱えることになる。

幼児のころから、二人の様子は全く違っていた。姫君（身体的には男子）は極度の人見知り。いつも几帳の中にいて、母や乳母、幼い子としか遊ばない。好きな遊びは、絵描き、雛遊び、貝覆いで、本（漢籍）には一切、関心がない。

一方、若君（身体的には女子）は、人見知りせず、外で遊ぶのが大好きである。いつも、若い男や少年たちと遊んでいる。好きな遊びは、鞠、小弓、笛吹き、琴、歌を謡うこと、漢詩文を作ること。父に客が来れば、飛び出して行って、一緒に遊ぼうとする。

やがて、二人は美しい少年少女に成長し、十代になった。姫君は、箏の琴をしのびやかに弾き、傍らで女房たちが暇そうに碁、双六をしている。髪が背丈より七、八寸（約二〇センチ余）長くなり、髪の裾がなよなよと靡《なび》きかかり、扇を広げたようである。父が髪をかきやると、恥ずかしがって汗をかき、顔色が紅梅のように紅く染まり、涙も落ちんばかりである。化粧もしていないのに美しく、額髪が汗でわざとひねりかけたようにこぼれかかる。その美しさは「優美な様子はこの上ない」（なまめかしきさまぞ限りなきや）と表現されている。

一方、若君は、横笛を空に響き上がるように吹き澄まし、父が姿を見せると笛を置いてかしこまる。彼のもとには、貴族の少年たちが大勢集まって、碁、双六、鞠、小弓をして遊んでいる。また、読経、歌謡い、詩の朗詠、笛、琴なども好きである。顔はふっくらと、色艶も美しく、目が愛らしく、全体的に華やかさに満ち満ちて、愛敬が指貫《さしぬき》（はかま）の裾までこぼれ落ちるほどである。髪も、姫君よりは短いものの、身長に少し足りない位で、裾が扇を広げたようにこぼれかかる様子、頭の形も、見るたびに微笑みを禁じ得ない。

そんな二人を見るにつけ、父の悩みはいや増すばかり。いっそ、息子を尼に、娘を法師にしてしまおうかと考えるが、かわいい姿に決意が鈍り、結局ずるずると成人を迎えてしまう。

そのころには、すでに朝廷でも若君の才《ざえ》と美しさは評判になっていて、天皇や皇太子（女）から、若君に「殿上まじらい」させるようにとの要請が来る。父親は躊躇するが、天皇から冠が届けられてしまい、とうとう若君は元服してしまった。若君が髪を上げた姿はさらに美しかった。童のうちからすでに五位を賜わっていたので、「大夫《たいふ》の君」と称されるようになる。同じ頃、姫君の方も裳着《もぎ》をして成人した。

その秋の司召《つかさめし》の除目《じもく》で、若君は侍従に就任する。琴、笛、漢詩文、歌、書に巧みで、容姿も美しい彼（彼女）は、以後、「世の有様、公事」を知るようになり、卓越した能力を発揮していく。一方、姫君の方は、成人してもこれといった変化もなく家にいたが、やがて、女房勤めを勧められ、東宮に出仕することになり、初めて表の世界に出た。

美しいきょうだいは宮中でも評判になるが、身体の性を隠しているために、二人は苦悩し、やがて周囲に混乱を巻き起こしていく。若君は女性と結婚し、中納言に昇進するが、同僚の男に無理やり男同士の性関係を迫られて、身体的に女性であることが発覚してしまい、妊娠して子どもを産む。一方の姫君は、尚侍《ないしのかみ》として女性皇太子に侍し、一つの几帳の内に寝起きするうち、男女の性関係を結んでしまうのだった。

物語を読むと、中世の貴族が考えた「男の子らしさ」「女の子らしさ」がわかる。「男の子らしさ」↕「女の子らしさ」は、「外」↕「内」、「動」↕「静」、「人間関係を好む」↕「人付き合いが苦手」、「人前に出る」↕「出ない」といったことであり、要するに、幼児のころから男子は「公」の領域、女子は「私」の領域で生きるべく教育されたのである。そして、男子は朝廷から声がかかり、元服をして、国家的位階・官職体系に組み込まれて官人となる。女子は、成人儀礼の裳着をして大人になっても、個人的に声がかかるまで、外で働くことはない。人は、「男」「女」になるべく、教育されていったのである。

『とりかへばや物語』は、一見、シェイクスピアの『十二夜』や『お気に召すまま』などに似ているようだが、喜劇ではない。喜劇だと思って読んでも、全く面白くはないのである。むしろ、世の常ならぬ運命を嘆く暗さが全編に流れる、至極、真面目な物語なのである。

そもそも、人類は一種であり、現生人類のすべては血がつながっている。だが、人は一人一人みな違う。性の在り方も、単にオスかメスかというだけでなく、身体、セクシュアリティ、恋の対象、性自認など、すべてにおいて多様である。その多様な人間を、男と女の二種類に分類するのが、ジェンダーという社会システムである。では、その男とは何か、女とは何なのか。それは、社会によって違う。

ふたなりの男

平安時代の終わりから鎌倉時代の初めごろに作られた絵巻物『病草紙《やまいのそうし》』（十二世紀後半）には、「ふたなりの男」が登場する。

そう遠くない昔、都に、鼓を首にかけて占いをして歩く男がいた。姿は男だが、女の姿に似ていることもあった。人はこれをいぶかしがり、夜、寝入っているすきに、ひそかに衣をかき上げて見れば、男女の性器が共にあった。これは、二形《ふたなり》の者である。

〈原文〉

なかごろ、みやこにつゞみをくびにかけて、うらしありく男あり。かたちおとこなれども、女のすがたにゝたることもありけり。人これをおぼつかながりて、よるねいりたるに、ひそかにきぬをかきあげて、みければ、男女の根、ともにありけり。これ二形のものなり。

絵を見ると、烏帽子をかぶり、ヒゲをたくわえた男が、念珠を首に掛け、傍らに鼓と笛を置いて、眠っている。二人の男がこっそり衣を引き上げ、男女の性器が両方あるのを見て笑っている。彼は半陰陽で、男女の性器を両方もって生まれたのである。

それでも、彼は「男」として生きていた。「姿は男であるが（かたちおとこなれども）」と書かれているのは、烏帽子をかぶっているという意味である。さらに、彼は男の服装を身に着け、ヒゲをたくわえている。それでも時には女の姿に似ていることもあったといい、女装することもあったらしい。彼は、男女の境界を行き来する曖昧さをもっていたが、女には似ているだけで、社会的には男として生きていたのである。

男として生きることを選んだのが、彼自身なのか、親なのか、誰なのか、それはわからない。ジェンダー決定に何らかのルールがあったのか、それも全くわからない。

彼は、数珠を掛け、鼓や笛を奏でて占《うら》をして歩いた。ふたなりは「病」とされていたから、おそらく彼はそのために家や村を離れることを余儀なくされて、都で下層の宗教者・芸能民として暮らしていたのだろう。『御伽草子』の一寸法師が低身長のために、両親から「化物風情」「罪の報」といわれ、一人、都へ旅立ったのと同様である。「異形」であることは、超能力をもつことでもあったから、彼は占を生業《なりわい》としたのだろう。

聡明な尼の話

ふたなりの男とは逆に、男性器も女性器ももたない尼がいた。説話集『日本霊異記』『三宝絵』『法華験記』などに見られる話である。

奈良時代から平安時代に入った頃、八世紀末から九世紀前半に編纂された『日本霊異記』（下―一九）には、次のように書かれている。

宝亀二年（七七一）、肥後国の女が一つの肉団を産んだ。不吉に感じた両親は竹籠に入れて山の石の中に隠し、七日経って行ってみると、肉塊の殻が開いて女の子が生まれていたので、この子を育てることにした。八ヶ月経つと俄に大人になったが、その姿は異形で、頭と首がくっついていて顎がなく、身長は三尺五寸（約一メートル余）ほどしかなかった。生まれつき非常に聡明で、七歳以前に法華経と八十華厳経を転読したが、自慢することもなかった。

彼女は出家を願い、頭を剃って袈裟を着て仏法を修めて人を教化すると、人はみな信心した。彼女の声量は豊かで、聞く人みなを感動させた。最初から女性器がなかったので性交することはなく、ただ尿を出す穴だけがあった。愚かな俗人らはあざけって「猴聖《さるひじり》」と呼んだ。

ある時、豊前国宇佐郡矢羽田の大神寺（宇佐八幡宮）の僧二人が、この尼をそねみ、「汝はこれ外道なり」と言って見下してあざ笑い、嫌がらせをした。すると、神人が空から降りてきて、鉾をもって僧を突こうとしたので、僧は恐れ叫んで、ついに死んでしまった。

また、大安寺の僧戒明《かいみょう》が筑紫の国府の大国師に任じられたとき、肥前国佐賀郡の郡司が安居会《あんごえ》を設け、戒明に八十華厳経を講じてもらったとき、かの尼は欠かさず衆中にいて聴いていた。戒明はこれを見とがめて、「どこの尼だ、濫りに交るのは」と言うと、尼は「仏は平等大悲であるが故に、一切衆生の為に、正教を流布したもうた。どのようなわけがあって我を制するのか」と言った。尼が偈《げ》の形式で質問をしたとき、戒明は答えることができなかった。名高い知者たちが怪しんで、尼に次々に質問をしたが、尼はついに屈しなかった。そこで、人々は尼が「聖の化《け》」であることを知り、舎利《しゃり》菩薩《ぼさつ》と名づけた。僧俗が多く帰依し、尼を指導者とした。

この卓越した尼は、出生からして普通ではなかったのだ。肉の塊から生まれたという話は、C・ギンズブルクが紹介した十六世紀イタリアのベナンダンティを想起させる。すなわち、イタリア北部のフリウーリ地方の、キリスト教が広まる前の民衆の間では、「シャツを着て生まれてくる」つまり羊膜に包まれて誕生した子どもは、ベナンダンティという魔術師にされていたという（ギンズブルグ、一九八六）。尼舎利もおそらく羊膜に包まれて生まれてきたのだろう。この特別な出生が、彼女の聖性をまず方向づけたことは想像に難くない。

さらに、成長するにつれ、身長は約一メートルで止まり、顎がなく、性器がないという身体的特徴が現れてきた。それは異形とみなされ、彼女は常人と異なる能力の持ち主とされた。

『霊異記』では、尼の容貌と女性器の欠如という異形性が人々にあざけられているが、こののち『法華験記』『三宝絵』と時代が下るにつれて、彼女は美女・聖女とされていく。

平安時代中期の九八四年（永観二）に尊子内親王に贈られた説話集『三宝絵（三宝絵詞）』にも、「肥後国シシムラ尼」（中―四）としてこの尼の話が見える。

その姿は人に勝《まさ》っていて、その身は女であるといえども、陰部はあるのに穴はない。わずかに尿《ゆばり》の道のみがあった。

〈原文〉

その形人にすぐれて、其身女なりといへども、かくれたる所はありてあなゝし。わづかに尿のみちのみあり。（原文のカタカナは平仮名に改めた）

ここでは、身長約一メートルで性器に穴がないという身体的特徴と、聡明なところは『霊異記』と変わらないものの、人に優れた美貌の持ち主で声も甚だ尊いとされている。だが、世の人々は愚かにも、彼女を「猴聖《さるひじり》」と呼んだ。そこは『霊異記』と同じである。

ところが、十一世紀半ばに書かれた『法華験記』（巻下―九八）になると、出生の場面に、肉団が破れて「妙なる女子あり」とあり、生まれたときから美しかったことになる。そして、次のように書かれている。

　顔貌が端正で美しく、見る者はこれを愛してやまない。姿は女であるけれど、女性器はなく、わずかに尿《ゆばり》の道があった。世間の見る者は、みな尊敬の心が起こり、名付けて聖人《しょうにん》と言った。

〈原文〉

　面貌端正《めんみょうたんじょう》にして、見る者寵愛す。形は女なりといへども女根なくして、纔に尿の道あり。世間の見る者、皆尊重を生じて、号《な》づけて聖人と曰へり。

ここに至って、かつては「猴聖」と呼ばれた彼女は、ついに「聖人」となった。女性器の欠如はあざけられることなく、逆に世間の人々の尊敬を生んだのである。

女性器の欠如は、一生不犯の尼であるという証明になる。また、九世紀後半以降に始まり深化する女性の身体への不浄観も、女性器の欠如を肯定的に捉える要因となったであろう。

鎌倉末期十四世紀の『元亨釈書《げんこうしゃくしょ》』にも、この話が見られる。そこには、「顔貌端正にして女根なし。わずかに尿《にょう》道在り」（原漢文）とあって、美貌という評価が定着している（巻十八願雑十之三尼女四）。

尼舎利菩薩の身体には女性器も男性器もなかったが、赤ん坊のときに女性と決められて、女の子として育てられたのであった。ふたなりの男が、男性と決められたのと同様である。

中世における男とは何か。女とは何か。中世の日本社会は、ジェンダーをどのように設定したのだろうか。そこで、人々はどのように生きていたのだろうか。中世の史料から考えていこう。

なお、本文中の図は、筆者が描いたものである。あくまでも文章を補うために載せた図であり、線の一本一本までを正確に写し取った模写ではないことを、あらかじめお断りしておく。

第一章　男たちの烏帽子狂騒曲

1　元服して冠・烏帽子をかぶる

男になるということ

少し昔の映画やアニメで、よく「俺を男にしてください」というセリフがあった。なるほど、人は男に生まれるのではなく、男になるのだ。では、その男とは何か。その定義は、人によっても、社会によっても違う。中世の日本社会で、男になるとはどういうことだったのか。次の史料は、明恵《みょうえ》（一一七三〜一二三二）が薬師丸と呼ばれた子どもの頃を描いた伝記の一節である。

四歳のとき、父がふざけて私に烏帽子をかぶせて言った。

「美形じゃのう。この子は男にして、御所（平重盛）に出仕させよう。」

私は心中ひそかに思った。

「われは僧になりたいのに、美しいから男にしようなんて言う。それならば、身体を損ねて、僧にされてしまおう。」

そんなふうに思って、あるとき、わざと縁から落ちてみたが、気づいた人が懐《いだ》き取ってくれた。誤って落ちたと思ったようだった。

その後、こんどは顔に火傷の跡をつけようと思って、火箸を焼いた。だが、その熱気が恐ろしく思えて、まず試みに、左のひじ下二寸ばかりのところに当ててみた。あまりの熱さに大泣きし、結局、顔には当てずに止めてしまった。これが、仏法のために身をやつそうとした始めである（意訳。以下、すべての引用史料は原文の意味に忠実な意訳を載せる。原文は、必要に応じて載せる）。

〈原文〉

四歳の時、父戯れに烏帽子を着せて云はく、「形美麗なり、男になして御所へ参らせん」と云へるを、予密《ひそか》に心に思ふ様、法師にこそ成らんと思ふに、形美しとて男に成さんと云ふに、片輪づきて法師に成されんと思ひて、或る時縁より落つ。人見付けて懐き取りて、あやまち気《げ》に思へりき。其の後、或る時、面を焼きて疵を付けんと思ひて、火箸を焼く。其の熱気恐ろしく覚えて、先づ試みに左の辟《ひぢ》より下《しも》二寸許りの程に引き当つ。其の熱さに涕泣して、面には当てずして止まりぬ。是、仏法の為に身をやつさんと思ひし始めなり。

（「栂尾《とがのお》明恵上人伝記」（南北朝期ヵ）『明恵上人集』）

ここで明恵の父が言った「男にする」とは、息子を元服させて冠や烏帽子をかぶせ、僧ではない世俗の世界で、国家・社会の正員とすることである。中世は今以上に見た目重視の社会であり、親たちは、見た目のいい息子は元服させて男にし、よくない息子は出家させて僧にしようとする傾向があった。それゆえ、僧になりたい明恵にとって自分の美貌は邪魔であり、容姿を損ねるために自傷行為に走ったわけである。このときは未遂に終わったが、美しい容姿を損ねたいという想いは残り続けたようで、ずっとのち、僧になってから、彼は自分の耳を切ってしまうのだ。

このエピソードが語るように、中世社会における男とは、冠・烏帽子をかぶったジェンダーのことである。冠や烏帽子をかぶり、世俗の世界で国家・社会の正員として、官に就き、役を負担する人のことである。

もちろん中世においても、男という言葉を単に身体的・生物的な男性（雄）という意味で使うこともあった。例えば、日蓮は、「日本には男が十九億九万四千八百二十八人、女が二十九億九万四千八百三十人いて、その男の中で日蓮が一番だ、一番の嫌われ者だ」と述べているが、この場合は、僧も含めた生物的な男性を指している（「日蓮書状」『日蓮聖人遺文』弘安三年（一二八〇）正月二十七日、『鎌倉遺文』一三八四七号）。この意味では、男童《おのわらわ》、稚児《ちご》も「男の子」ということになる。しかし、史料上、こうした用法は案外少なく、多くの場合、冠・烏帽子をかぶったジェンダーの意味で男の語が使われている。

それゆえ、本書では、冠・烏帽子をかぶったジェンダーのことを「男」、身体的・生物的な性別の意味では「男性」と表記し、区別することにする。同様に、裳着をして成人し、髪を伸ばして垂髪にしたジェンダーを「女」、身体的・生物的な性別の意味では「女性」と表記する。

それにしても、かくも大きな意味をもつ冠や烏帽子とは、男たちにとっていったい何だったのだろうか。男たちは烏帽子とどう付き合っていたのだろうか。

本章は、烏帽子をかぶった男たちの、日常に起こる悲喜劇の物語である。

始まりは元服

美貌の貴公子の恋のアヴァンチュールを描く王朝文学は、十世紀初から形成された『伊勢物語』に始まり、『伊勢物語』は主人公の「初冠《ういこうぶり》」に始まる。「初冠」とは元服のことである。在原業平をモデルとする主人公は、物語の冒頭で男になり、すぐさま禁断の恋に身を委ねていく。

男の成人儀礼である元服の習慣は、平安時代の初め、八世紀末の貴族社会で始まり、以後、九世紀を通じて皇族・貴族から庶民に至る社会全体に普及した（服藤、一九九一）。男童は元服の儀式で初めて髪を上げ、冠や烏帽子をかぶり、これまでの◯◯丸という童名から、大人としての実名が与えられ、男になった。

それではここで、具体的な元服の場面を見てみよう。『源氏物語』（十一世紀初）の桐壷の巻における光源氏の元服シーンである。


父帝は、この君の童姿を変えたくないとお思いになりますが、一二歳で元服なさいます。（中略）

帝がおわします清涼殿の東の廂の間に、東向きに帝の御椅子を立てて、元服する源氏の君の御座と、引き入れの大臣（髪を冠の中に引き入れる加冠役の左大臣）の御座は、帝の御前にあります。申の刻（午後四時ごろ）になって、源氏が参上されます。みづらを結われた頬のあたりや、顔の輝きといい、姿を変えるのはいかにも惜しいようです。大蔵卿が御髪を上げる係を担当します。それはそれは綺麗な御髪を削ぐ時は、心苦しい感じなので、帝は、

「この子の母の桐壺御息所《みやすどころ》が見ていたら」

と思い出すと、絶え難い気持ちになるのを、気丈に耐えなさいます。

冠をかぶられて、休憩所に下がられ、大人の衣装に着替えて、庭に降り、帝に拝をされる姿に、居並ぶ人は皆、涙を落とされます。増して帝はこらえきれず、紛れて忘れる折もあった昔のことを、今さらながらに悲しくお思いになります。

このようにごく幼いうちは、上げ劣り（髪を上げて容姿が悪くなること）もあるのでは、と心配されていたのですが、驚くほど可愛らしさが備わりました。

〈原文〉

この君の御童姿いと変へまうくおぼせど、十二にて御元服し給ふ。（中略）おはします殿の東の廂、東向きに椅子立てて、くはん者の御座、引き入れの大臣の御座、御前にあり。申の時にて源氏まいりたまふ。みづら結いたまへるつらつき、顔の匂ひ、さま変へ給は

ん事おしげなり。大蔵卿、蔵人、仕うまつる。いときよらなる御髪をそぐ程、心ぐるしげなるを、上は御息所の見ましかばとおぼし出づるに、耐へがたきを心づよく念じかへさせ給ふ。
かうぶりし給て、御休み所にまかで給て御衣《ぞ》たてまつりかへて、下りて拝したてまつり給ふさまに、みな人涙落とし給ふ。御《み》かどはたましてえ忍びあえ給はず、おぼしまぎるゝ折もありつる昔の事とりかへし悲しくおぼさる。いとかうきびはなる程は上げおとりやと疑はしくおぼされつるを、あさましううつくしげさ添ひ給へり。

原文を見ると、元服する少年を「くわん者」（冠者）と呼んでいる。冠者は髪をみずらに結って（図1）登場し、理髪の役の人（ここでは大蔵卿）が、みずらを解いて髪を梳き、長い髪を少し短く削ぎ、髪を上げる。次に、加冠の人（ここでは左大臣）が冠者に冠をかぶせ、理髪の人がさらに櫛で髪を整えれば、新成人の誕生である。

『源氏物語』の世界では、大人たちの関心事はもっぱら、元服によって変わる少年の見た目にあるようだ。子どもの可愛らしさが失われることを悲しみ、髪を上げて「上げ劣り」になることを心配しつつ、実際に上げて見たら「上げ勝り」だったことを喜び、安堵する。だが、元服の本当の意義はそこではない。元服こそは、少年のこれからの出世コースを左右する、大

図1　みづら（髪が長い場合）
（『法然上人絵伝』より）

人たちの政治的なかけひきの場なのである。

元服で最も重要な役は加冠であり、武家では烏帽子親と呼ばれる。位が上の人や権力のある人が当たり、新成人と擬制的親子関係を結び、これからの出世の後ろ盾となる。『源氏物語』では、「元服の後見役」と呼ばれている。

元服に際して、名前もまた新たにつけられる。光源氏の本名は不明だが、元服に先立ち、皇族を脱して臣籍降下することが決められ、源姓を賜わり源氏の君と呼ばれるようになっていたので、元服後は「源《みなもとの》○○」という実名を名乗ったのである。名前の一字は、加冠の左大臣の名の一字をもらっているはずである。官職も得たはずで、のちに太政大臣に至る男の出世コースがここに始まる。

元服式の後の酒宴では、早くも縁談が持ち出された。実は加冠役の左大臣は、あらかじめ、源氏を娘婿に迎えたいと帝（源氏の父）に願い出ていて、元服の後見役（加冠役）を務めることを条件に、承諾を得ていたのである。この父同士の政治的な談合を、源氏は知らなかった。

左大臣は、源氏の隣でしきりに娘の話をし、源氏が結婚に承諾したと（かなり一方的に）帝に報告した。その夜、源氏は早くも左大臣の里に迎えられていった。この、当事者の意思を無視した葵上との結婚は、周知のように、程なく破綻する。

元服すると変わること

男が公式の場でかぶり物を着ける制度は、古代中国に淵源がある。倭で制度化されたのは推古天皇による冠位十二階であり、その後、改変を経つつも、かぶり物は継続された。

古代には、冠と区別された烏帽子というものはなく、冠と烏帽子が分かれるのは、平安時代に入ってからである。十世紀前半の辞書『和名類聚抄《わみょうるいじゅしょう》』が、冠と烏帽子を区別して記しているのが早い例である。その後、烏帽子は急速に普及していった。佐多芳彦は、烏帽子を庶民層に普及させたのは、国司だったと推論している（佐多、二〇一三）。

貴族にとって正装は冠であり、烏帽子は普段着である。貴族は元服の儀式で冠をかぶり、以後、参内するときは必ず冠を着用しなければならなかった（図2）。

一方、武家では烏帽子を着用し、元服の儀式でも烏帽子を用いた。摂関家の血を引く藤原頼嗣も、鎌倉幕府将軍の子として、元服では武家風に烏帽子を用いている（『吾妻鏡』寛元二年（一二四四）四月二十一日条）。

元服する年齢はほぼ十代だが、厳密な決まりはない。一三、四歳ぐらいが多いように思われるが、中には二〇歳近くなる遅い子もある。

男童《おのわらわ》は、幼いうちは髪を切りそろえて垂らした童《わらわ》

図2　束帯（『伴大納言絵巻』より）

髪《がみ》（おかっぱ）で、女童《めのわらわ》と変わらなかったが、やがて、十代の少年になると、髪を伸ばして頭の後ろで一つに束ねる垂髪（ポニーテール）にする（図3）。そして、元服式にはみずらに結って臨み、みずらを解いて長すぎる毛をカットし、頭上で一本の本鳥《もとどり》（髻。以後、本鳥と表記する）を結い、冠または烏帽子を載せるのである。以後、人前でかぶりものを脱ぐことはない。

　元服すると、名前が変わる（飯沼、一九八四）。元服前の男童は「○○丸」（読みは「まろ」の可能性が高い）という童名《わらわな》で呼ばれ、元服と同時に、漢字（二字が一般的）の実《じつ》名《みょう》が付けられた。例えば源氏の八幡太郎義家の場合、童のころは「不動丸」という童名で呼ばれ、元服と同時に「義家」という実名を得た。以後、官職に任命されるときや、公的な文書に名を連ねる場合には、「源義家」という実名が使われることになる。ただし、よくドラマで見られるように、面と向かって「義家どの」と呼ぶようなことはまずなかった。実名を口に出して呼ぶことはきわめて失礼な、憚るべきことだったのだ。

図3　童髪（左）と垂髪（右）（『法然上人絵伝』より）

男の名前には、このほかにも、太郎・次郎・三郎のように兄弟の順にナンバリングした排行名の仮《け》名《みょう》（通称）があり、普段はこうした仮名で呼ばれていた。義家の仮名は、「八幡太郎」「太郎」「源太」である。また、職場など公の場では「陸奥守」のような官職名で呼ばれた。源義経の場合なら、「九郎どの」か「判官どの」と呼ぶべきである。中世の女が自分の名前を名乗らなかったことはよく知られているが、実名を憚る習慣は男にもあったのだ。

その理由として考えられることは、実名は、一文字は父の名からもらい、もう一字は位がより上の加冠・烏帽子親から一文字（偏諱《へんき》）をいただいてつけることが多かったことである。つまり、自分の名前の中に、畏れ憚るべき他の人物の名前が入っているということだ。

例えば足利尊氏の場合、元服時に北条高時の一字を与えられ高氏と名乗ったが、のちに後醍醐天皇から尊治の一字をもらい尊氏と改名した。尊氏の「氏」の方は、足利家の嫡流が代々付けてきた通字である。つまり尊氏の名前の二文字は、一つは自分が仕える主君を表し、もう一つは父祖の家を表すものだった。こうしたケースが多かったために、男たちは実名をむやみに口にしなかったのだろう。

元服した男は、律令以来の官職体系の中に位置づけられる。貴族の男は、元服と同時に家柄にふさわしい官職を与えられ、官僚として出発した。百姓や職人の男童も元服して烏帽子をかぶり、公田を耕し役を負担する納税者として、国家の成員となった。

つまり、男の冠・烏帽子とは、国家の正式な成員たることを示す標識であり、女、子ども、身分の低い人々、出家者の世界とは異なる特権の象徴だったのだ。だから、男たちは男のプライドにかけて、冠・烏帽子を常に着用し、人前で脱ぐことは絶対になかった。

元服前の少年たち

絵巻物を見ていると、しばしば、額に黒い三角形の紙か布をつけた男の子が見られる。ちょうど、幽霊が着けている白い三角形の布を黒くしたようなものだ（図4）。これはいったい、何なのだろうか。

これは額烏帽子《ひたいえぼし》と言って、まだ烏帽子をかぶっていない男童が、男にならって着けたものである。『絵巻物による日本常民生活絵引』は、図4の『扇面古写経《せんめんこしゃきょう》』（十二世紀後半）に描かれた、花を摘んで遊ぶ額烏帽子の子を女の子としており、黒田日出男もこの絵から「草花を摘むのは少女たちの遊びの代表だ」（黒田日出男、一九八九）と述べているが、これは男の子なのだ。

西行の歌集『聞書集《ききがきしゅう》』（十二世紀後半）には、人々と戯れに詠んだとして、少年時代をうたった一連の歌がある。その中

図4　額烏帽子（『扇面古写経』より）

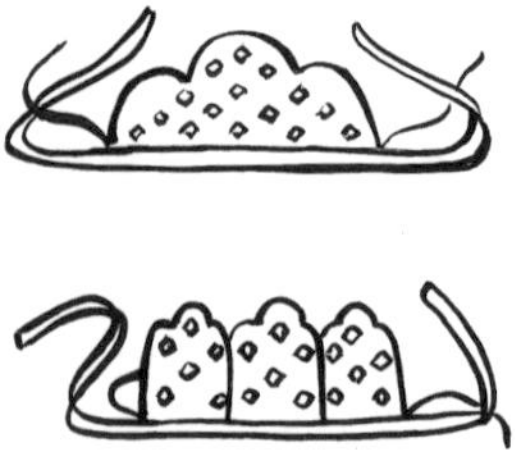

図5　空頂黒幘（『冠帽圖絵』より）

に、次のような歌が見られる。

篠《しの》ためて雀弓はる男《お》のわらはひたひ烏帽子のほしげなるかな

少年が遊びで弓を引く姿に、ふと成長した男の面影を見て、額烏帽子を着けてやりたくなったのだろう。額烏帽子を着けた男童は、近い将来、元服して男になることが約束された子であったと思われる。

明治年中に書かれた故実書『歴世服飾考』は、額烏帽子は、幼帝が元服以前に額に当てて冠の代わりにしていた空頂黒幘《さく》（図５）の類であろうとしている。

絵巻物に描かれた子どもたちは、多様な髪形をしている。図６は、悪童たちが集団で一匹の蛇をイジメている場面であるが、ここには三種類の髪形が見られる。坊主頭の子、おかっぱの童髪《わらわがみ》の子、そして髪を一つに結んだ子である。童髪の子が十代になり、元服が近づいてくると、髪を伸ばして備えるのだろう。子どもたちの髪形の違いは、

図６　子どもたちの髪形（『春日権現験記』より）

その子の年齢や身分や将来を表している。

ここで、気になるのは坊主頭の子である。絵をよく見ると、坊主頭の子は、童髪の子から命令されて、石を投げようとしている。子どもたちの中で、坊主頭は童髪より地位が下なのである。

当時は、子どもが生まれると、まず胎毛を削ぎ、赤児の間は坊主頭で育てた。三歳ぐらいで髪置《かみおき》の儀式をしてから、髪を生やして童髪にした。と、いうことは、坊主頭で育っている子は、髪置をしていないのだろう。髪置をしていなければ、次の元服に至ることもできないであろう。

坊主頭の子は、元服して男になる道をたどれない子なのである。おそらく、従属する下人の子で、一生、成人できない童身分なのではないか。実際には下人たちも元服することが多かったが、それは、あくまでも主人の恩恵次第であった。

烏帽子親と烏帽子子

元服する子どもと加冠の人は、親子を擬制した強い絆で結ばれた。武家の場合は、烏帽子をかぶせてくれる人を「烏帽子親」、元服する子を「烏帽子子」という。

烏帽子親と烏帽子子の絆を示す史料に、次のようなものがある。鎌倉幕府が一二三五年（文暦二）に出した追加法である。

〈原漢文読み下し〉

一　評定の時、退座すべき分限《ぶんげん》の事

祖父母・父母・養父母・子孫・養子孫・兄弟・姉妹・聟《むこ》〈姉妹孫聟これに同じ〉・舅・相《あい》舅《やけ》・伯叔父・甥姪・従父兄弟・小舅・夫〈妻訴訟の時これを退くべし〉・烏帽子《えぼしご》々

（『追加法』七二条、原漢文）

これは、裁判の公正さのために、原告・被告の近親の評定衆（裁判官）を退席させるルールであり、退席しなければならない近親の範囲が書かれている。ややわかりにくいが、まず、理解の前提として、裁判官はすべて男で、原告・被告には男も女もいる。この条文は基本的に裁判官から見た親族の範囲を記しているのだが、どういうわけか夫だけ書き方が逆転している。

その最後に書かれているのが烏帽子子である。裁判官は、自分が元服させた烏帽子子が裁判の当事者のときは、親族同様に退席しなければならないのである。逆に、自分の烏帽子親が訴訟当事者の場合も、同様だっただろう。烏帽子親と烏帽子子の絆が、家族・親類に准ずるものだったことがわかる。

鎌倉時代の終わり頃、伊賀国黒田荘で悪党の黒兵衛入道を助けた縁者としてリストアップされた者の中に、子息、弟、妹聟、甥、相舅《あいやけ》（子の配偶者の父）といった親類の男たちと並んで、烏帽子子の瀧野七郎の名があった。また、悪党の清高入道を助けた縁者には、嫡子、相舅二人、甥、聟の他に、烏帽子親がいた（「伊賀黒田荘悪党扶持人交名注文」『東大寺文書四ノ一』『鎌倉遺文』二九八七八号、嘉暦二年六月日、一三二七年）。

2　烏帽子が落ちたら一大事

フンドシ脱いでも烏帽子は脱がず

中世の男が人前で烏帽子を脱ぐことは、人前でフンドシを脱ぐよりもっと体裁が悪かった。鎌倉時代の『東北院歌合《とうぼくいんうたあわせ》』（十三世紀初）に描かれた博打（バクチ打ち）は、身ぐるみはがれ、フンドシまで取られて素っ裸だが、それでも、烏帽子だけは頭に載せている（図7）。現代人から見れば、何とも奇妙な姿である。

フンドシを取られた姿はカッコ悪いが、ただそれだけのことである。だが、もしも烏帽子を失えば、彼はたちどころに男ではなくなってしまう。男という特権的な身分とジェンダーから転落し、下位身分か異形のモノと化してしまうのだ。だから彼は、最後まで烏帽子を手放さない。ただし、彼はまだ懲りずにバクチを打ち続けているから、烏帽子を失うのも時間の問題だろう。

嫌いな同僚の冠を落とす

職場に嫌いな男がいて、どうにも我慢できずにキレてしまったとき。中世人なら、その男の冠や烏帽子をはたき落とすだろう。ただし、その後の流血沙汰は覚悟しておかねばならない。

鎌倉時代の『十訓抄《じっきんしょう》』（十三世紀半ば）には、次のような話がある（下八ノ一）。

平安時代のある日。藤原実方《さねかた》は、殿上で藤原行成《ゆきなり》と顔を合わせると、いきなり行成の冠を叩き落とし、清涼殿の小庭に放り捨てた。その時、行成は少しも騒がず、落ち着き払って冠を拾って来させ、守り刀から笄を抜き出して鬢《びん》の毛を整え、冠をかぶって、きちんと居ずまいを正してから言った。

「どういうことでしょう。このような御仕打ちに遭うような覚えはありません。まずはお話をうかがってから、対応を考えるといたしましょう。」

実方はすっかりしらけて逃げて行った。この様子を帝が見ていた。帝は、行成を称賛して蔵人頭《くろうどのとう》に抜擢、一方の実方は陸奥へ左遷してしまった。

行成は見事なアンガー・マネジメントを身につけていて、この場をやり過ごした。これは、一般的には流血沙汰になってもおかしくないケースである。

毛のない人は落ちやすい

そもそも、冠や烏帽子は落ちやすいものだった。今の雛人形の男雛は冠の紐をあごの下で結んでいるけれども、それは正式な着用の仕方ではなく、紐は本鳥にくくりつけるものだった。特に、本鳥のない禿頭《とくとう》の人は落ちやすかった。

図7　博打（『東北院歌合』より）

次は、『今昔物語集』（十二世紀前半）（巻二八―六）および『宇治拾遺物語』（十三世紀前半）（巻一三―二）の伝える話である。有名な歌人の清原元輔《もとすけ》は、高齢になって髪の毛が一本もなかった。そんな元輔が、賀茂祭のときに大路で落馬し、貴賤群衆の見守る中、冠を落としたのである。

落馬した元輔は、見ていた公達《きんだち》（貴族の若者）らの心配をよそにすぐ起き上がったが、冠が落ちて露わになった頭には毛が一本もなく、甕《かめ》をかぶったようだった。馬添《うまぞい》がすぐに冠を渡したが、元輔は拒否し、

「しばし待て。話して聞かせることがある。」

と言って、露頭のままつかつかと公達らに歩み寄って行った。夕日を受けて「きらきらと」輝く頭。「いみじく見苦しきこと限りなし」と『今昔物語集』は言う。「大路の者、市をなして見のゝしり走り騒ぐ。車、桟敷の者ども、皆のび上りて笑ひのゝしる」と、辺りは騒然たる有様となった。

そこで、元輔は、公達らを相手に、長い長い説教を開始した。

「落馬したのは馬のせいである。馬がつまずいたのは道がデコボコだったからである。馬につけた大層な飾りのせいでもある。冠が落ちたのは、紐で結ぶものではないからである。ふつうは髪を冠の中によくかき入れて落ちないようにするのじゃが、あいにくとわしは鬢《びん》の毛が一本もない。それゆえ、落ちた冠を恨んでも仕方がない。おまえたち若い者は知らんじゃろうが、そもそも先例を尋ねれば、なにがしの大臣は大嘗会の御禊の日に落とした。なにがしの中納言は野の行幸の際に落とした。なに

がしの中将は祭の返さの日に紫野で落とした……」

と、この調子で元輔は、禿頭を夕日に光らせながら、公達の車を一つ一つ廻って、延々くどくどと説教して歩いた。そして最後に、大路の真ん中に突っ立って、高い声で「冠持てまうで来！」と呼ばわり、やっと冠をかぶったのだった。

あきれた馬添が、

「なぜすぐに冠をかぶらず、いつまでもしょうもないことを言ってたんですか？」

と問うと、元輔は、

「阿呆言うな。こうして道理を説き聞かせておいてこそ、若い者はいつまでも笑ったりしないのじゃ。」

と言った。

『今昔物語集』によれば、元輔は常日ごろから、こんな風に人を笑わせてばかりいる老人だったという。さすがは清少納言の父である。

本鳥をつかむ、切る

再び、喧嘩の話である。本鳥をつかむこともまた、相手にひどい恥辱を与える方法だった。図8は、『福富草紙』（室町時代）の中で、男が取り押さえられ、鞭打たれている場面である。男は、烏帽子ごと本鳥をつかまれ、地面にねじ伏せられているが、これはきわめて屈辱的なポーズであろう。『今昔物語集』には、「色々しき心」ある男が、稲荷詣で出会った女を、変装した妻とは知らずに口説いて、やおら烏帽子ごと本鳥をつかまれ、「山響くばかり」に頬を打たれた話が見られる（巻二八—一）。また、化けモノが襲って来る時は、空から腕が伸びて来て、烏帽子をはたき落として、本鳥をつかんで引っぱり上げるのだという（広川、一九九五）。

さらに、究極の攻撃法は、相手の本鳥を切ってしまうことである。これはもう立派な犯罪である。では、それはいったいどの程度の犯罪だったのか。次の史料は、高野山の膝下荘園の荘官らが遵守を誓ったきまりである。

一　種々の悪行のこと

盗み、放火、バクチ、人を刀で斬ること、殴ること、踏みつけること、本鳥を切ること、これらである。これらの狼藉は、永久に禁止する。

〈原文〉

一　種々悪行事

図８　本鳥をつかむ（『福富草紙』より）

窃盗　放火　四一半　刃傷　打擲《ちょうちゃく》　蹂躙　切本鳥《きりもとどり》　是等也。右、此等狼藉、永可止之。

（建治元年《一二七五》十二月日「紀伊猿川真国神野三箇荘荘官請文」

『高野山文書又続宝簡集』八五、『鎌倉遺文』一二一八四）

高野山の見解では、人の本鳥を切ることは、窃盗や放火や人斬りと並ぶレベルの狼藉なのである。いかに凶悪な犯罪だったかがわかる。

源頼朝は本鳥に観音像を入れ、足利尊氏は機密文書を隠した（小田、一九八三）。本鳥が身体の中で特別に大切な場所だったことがわかる。

本鳥を切られた男

集団どうしの喧嘩で、相手方の本鳥を一斉に切りまくった話が、『平家物語』（十三世紀前半）に見えている。有名な「殿下乗合」の場面である。

事の発端は、清盛の孫で一三歳の資盛《すけもり》が、同じ年頃の遊び仲間の侍三〇人ばかりを引き連れて狩に行った帰り、都大路で、摂政松殿基房《まつどのもとふさ》の牛車と行き会ったことである。この場合、位が下の資盛の方が止まって道を譲るのがルールだが、そこは、甘やかされた平家の公達で、年の頃は今なら中二のやんちゃ盛り。止まれと言われて止まることなく、そのまま馬で直進した。怒った摂政側は、資盛たちをつかまえて馬から引きずり下ろし、散々に恥辱を加えた。

ほうほうの体で六波羅に帰ってきたかわいい孫を見て、祖父清盛は怒った。父親重盛の制止に耳も貸さず、屈強な侍六〇人ばかりを呼び集め、

「前駆御随身《ぜんくみずいしん》どもが髻《もとどり》切って、資盛が恥すすげ！」

と命じたのである。

侍たちは摂政の行列を待ち伏せし、着飾った前駆《ぜんく》、随身たちを追いかけまわして、片端から本鳥を切っていった。わざわざ、

「これはおまえの本鳥ではなく、おまえの主人摂政基房の本鳥だからな。」

と言い含めて切ったりもした。

結局、この事件は、摂政側の泣き寝入りに終わった。

本鳥を切られた随身たちは、その後、どうしたか。『平家物語』の伝本で最も古い延慶本《えんぎょうぼん》には、次のような後日譚がある。

このとき、摂政側の前駆を務めていた高範《たかのり》という男が、本鳥を切られてしまった。妻子にも言えず、蒲団をかぶって寝ていたが、ふと名案が浮かんだ。家中が寝静まった夜中、秘かに腕のいい綾織職人を密室に呼び、斬られた本鳥を頭に結いつけてもらったのである。そして、翌朝、何食わぬ顔で職場の蔵人所に行き、同僚たちの前で、

「私は武家の出なのに、昨日は前駆を務めるために束帯を着し、爪切りほどの小刀も持っていなかったので、あのような辱めを受け、自害すらできなかった。しかも、本鳥を切られたというウワサまで立てられてしまった。すぐに出家したかったが、そうすると、『やっぱりあいつは本鳥を切られたん

だ』と言われて、未来永劫の恥（「生々世々の瑕瑾《かきん》」）になる。だから、もう一度、みんなに会いに来たのだ。」

と言うと、やおら烏帽子を取って本鳥がついているところを見せ、懐から刀を取り出して本鳥を押し切った。そして、乱れた髪を烏帽子に引き入れると、袖でおおってその場を後にした。

この男は、わざわざこんなパフォーマンスをしてまで、本鳥を切られた事実を隠ぺいしたのである。せっかく職人に付けてもらったのだから、そのまま何食わぬ顔で烏帽子をかぶってしばらく暮らしていれば、髪は自然に伸びると思うのだが、彼はそうはしなかった。切られたという事実が、そもそも体面を損なうことであり、自分が許せなかったのだろう。

この物語は、中世の男たちの名誉の感覚を今に伝えている。

3　寝るときも烏帽子をかぶったか？

神仏の前で寝る

絵巻物を見ると、男が烏帽子をかぶったまま寝ている絵が散見される。中世の男たちは、本当に寝るときまで冠・烏帽子を着けていたのだろうか。

図9　仮眠する男
（『石山寺縁起』より）

図10　烏帽子を落とした男
（『石山寺縁起』より）

絵巻物『春日権現験記《かすがごんげんげんき》』（鎌倉後期）には、眠っている人が多く描かれている。春日権現などの神仏は、人が眠っている間に何らかのメッセージを下すからである。

人々は寺社にお籠りし、神仏の前で仮眠を取って夢告を待った。そこは大勢の人々が雑魚寝をする場となり、男たちは皆、烏帽子をかぶったまま仮眠した（図9）。公衆の面前なのだから、これは当然である。中には、眠っている間に落としてしまう人もいたようだが（図10）。

そこはまた、神仏の前でもあった。神仏の前で烏帽子を取るのは礼を失する行為だったであろう。

天皇が冠をかぶって寝るとき

天皇でさえ、神の前では冠を外して寝られなかった。

天皇は、代始めに賢所《かしこどころ》（内侍所《ないしどころ》の神鏡、八咫鏡《やたのかがみ》）と同居したが、その間は、寝るときも冠を外してはならないとされた（『禁秘抄《きんぴしょう》』十三世紀前半）。寝ている間に落ちないように、冠の左右に穴を空け、かざしの花を本鳥に突き刺して固定した。

さぞ、寝にくかったことだろう。冠もすぐにグチャグチャになったに違いないが、天皇の冠は、毎月、新しいものが届けられるしくみになっていた。『禁秘抄』によれば、天皇の冠は、毎月、納殿《おさめどの》の沙汰として御冠師が献上し、蔵人が柳筥《やなぎばこ》に入れて持参する。臨時に献上させることもあったという。ただし、神鏡が同殿に置かれていないときは、天皇は冠を外して寝たようだ。『伴大納言《ばんだいなごん》絵巻』（十二世紀後半）には、清和天皇が夜中に訪ねてきた貴族と対面して話を聞いている場面があるが（図11）、冠をかぶらず、本鳥を露出し、赤い袴をはき、灰色の下着の上に袿《うちき》を着流した夜着のままの姿である。夜中に起こされ、緊急に面会した様子を描いているのだろう。寝るときは冠をかぶらなかったのだ。

それにしても、ずいぶんと略装である。これは天皇だからできるのであって、臣下の立場ではあり得ない。身分の上下の厳しい中世には、位が上の者の方がラフな（褻《け》の）姿が許され、下の者は礼を尽くさねばならなかった。だから、中世の絵巻物を見るとき、対面する人物の衣服を見れば上下関係がわかる。ラフな方が上、フォーマルな方が下なのが普通である。

図11　夜中に起きた天皇（『伴大納言絵巻』より）

この絵をよく見ると、相手の貴族もよく見れば烏帽子である。天皇の面前で、冠ではなく烏帽子をかぶるということは、普通はあり得ない。つまり、これは二人とも極端な略装をしているのである。この貴族は、天皇の祖父藤原良房である。これは、祖父と孫が何やら火急の用事のために、下着同然の姿で会っている場面なのである。

臨終に烏帽子をかぶる

中世の臨終は、なかなか大変だった。死ぬほど具合が悪いにもかかわらず、極楽往生のため、寝具の上に起き上がり、端坐合掌して念仏を唱えながら息絶えなければならなかったのだ。男なら、烏帽子をかぶって威儀を正した。そうした努力の甲斐あって、やがて紫雲たなびき、空に音楽が聞こえると、阿弥陀仏が来迎した証拠であり、極楽往生間違いなしとなる。

図12　臨終の場面（『法然上人絵伝』より）

『法然上人絵伝』（十四世紀初）を見ると、法然の父で美作国の在地領主漆間《うるま》時国《ときくに》が、臨終の場面で烏帽子をかぶって端座合掌して阿弥陀仏の来迎を待っている場面がある（図12）。

死んだ後も、男たちは烏帽子を着けた状態で埋葬された。岡山県岡山市の鹿田遺跡の、鎌倉時代中期と見られる木棺墓から発見された人骨は、烏帽子をかぶった状態で埋葬されたらしい（岡山大学、二〇一四・二〇一八）。

だが、その後、地獄に堕ちれば、身ぐるみ剥がれて烏帽子も取られ、フンドシ一つの亡者になってしまうのである（『地獄草紙』、十二世紀後半）。地獄とは「身分制のないディストピア」だったのだ。ただし、女の亡者は身ぐるみはがれてもなお長い髪をしているから、地獄の沙汰にもジェンダーはあったらしい。

烏帽子をかぶった病気の男

絵巻物には、病気の男が、烏帽子をかぶったまま休んでいる絵がしばしば見られる。

『法然上人絵伝』には、病気で高齢の藤原経宗《つねむね》が、烏帽子をかぶった姿で、女房たちに扶《たす》けられながら起き上がっている場面があるが、これは、人がいる場所なので烏帽子をかぶっていても不思議ではない。

また、『春日権現験記』には、貴族の男が立烏帽子をかぶって寝ている絵がある（図13）。彼は、自宅の寝殿の帳台の中という最もプライベートな場所で、一人で寝ているのだ。この絵はそのまま事実とみてよいのだろうか。

それは、現実的にはなかなか困難なことだったと思われる。後述するように、立烏帽子は漆を塗り固めた高価なものであり、その形も、鎌倉時代には、現代人が考えるよりずっと頭の

図13　立烏帽子をかぶって寝る男
（『春日権現験記』より）

後ろに張り出していたのだ。とても寝られたものではない。

実はこの人物は、実在の関白藤原忠実である。この絵が描かれた当時も、その子孫は摂関の座にあった。しかも、この絵巻物は、一三〇九年に西園《さいおん》寺《じ》公衡《きんひら》の発願で藤原氏の氏神の春日社に奉納されたものだ。絵画表現上、忠実を露頭で描くわけにはいかなかったのではないだろうか。また、この絵の中で、忠実は神の怒りに触れて病んでいるのであって、今まさに神の面前にいる。神前ゆえに烏帽子をかぶっている、あるいはそういう風に描かれた、とも考えられる。

同様に、『北野天神縁起』（十三世紀前半）にも、自宅の寝所で立烏帽子をかぶったまま、夜具の上に起きあがっている男が描かれている。男は藤原時平で、菅原道真の祟りで病んでいるのである。先の忠実と同じ状況である。

これらの絵を根拠に、中世の男たち一般が、寝るときもいつも烏帽子をかぶっていたと即断するのはやや早急ではないだろうか。

やはり烏帽子は脱いで寝た

『源氏物語絵巻』（十二世紀前半）には、病床の柏木を親友の夕霧が見舞う場面があり、柏木は烏帽子をかぶって寝ている（図14）。生死をさまよう重病で、起き上がることもできない柏木が、果たして烏帽子をかぶって寝ていたのだろうか。

実は、『源氏物語』本文を読むと、その謎は氷解する。冠を着けたきちんとした姿で訪問してきた夕霧に対し、起き上がることもできない柏木は、白い夜着を重ねた姿でありながら、あわてて、烏帽子だけを押し込むようにかぶって応対した、と書かれているのである。つまり、人が来るまでは、烏帽子をかぶらず寝ていたのだ。

また、先に見た『法然上人絵伝』における法然の父が臨終を迎えたのは、不慮の夜討ちに遭ったからだったが、その夜討ちの場面で、寝所から飛び出して応戦する彼は、烏帽子をかぶっていない（図15）。寝込みを襲われ、烏帽子を着ける暇もなく、刀をつかんであわてて飛び出した様子が描かれているのだ。彼は、寝るときには烏帽子を脱いでいたのである。

さらに、『今昔物語集』には、宿直の夜、眠っている間に烏帽子をネズミに持っていかれ、散々かじられてしまった侍の話がある（巻二八―四三）。彼は、烏帽子を脱いで寝ていたのだ。現代人で

図14　病床の友を見舞う
（『源氏物語絵巻』より）

図15　夜討ちに遭って応戦
（『法然上人絵伝』より）

も、宿直の夜はすぐに起きられる姿で寝るだろう。修学旅行の夜、ジャージで寝る教員も多いのではないだろうか。しかるにこの侍は、宿直中に烏帽子を脱いで寝ていた。ということは、普段家で寝るときは、もちろん烏帽子は外していたはずである。

勤務先で烏帽子を破損したら、さぞ困ったことだろう。翌日、彼は予備の烏帽子もなく、宿直部屋に籠って袖をかぶっているしかなかった。主人の藤原道綱は、話を聞いて同情し、「これ取らせよ」と自分の烏帽子を与えたので、彼はそれをありがたくかぶって、やっと壺屋から出ることができた。このように、主人の烏帽子を下賜される話は中世の物語にしばしば見られ、主従の男どうしの強い絆の表現だったと思われる。

現代の職場では、しばしば、ロッカーに礼服やネクタイをしまっている人がいるが、烏帽子は、ロッカー（あったかどうかは未考）に入れっぱなしにしておくには、高価なものだったのだろう。『古今著聞集』（十三世紀半ば）には、朝早く、烏帽子を忘れて外出して、朝日で地面に投じられた自分の影を見てあわてまどい、走り帰った男（左衛門尉）の話が出ている（巻一六、五六七）。外して寝ていたものと思われる。

ポルノグラフィーの場合　こんどは、『小柴垣草子』という中世のポルノグラフィーを見てみよう。とはいえ、『小柴垣草子』は完全な形では残っていない。図16は、唯一残る十三世紀の断簡で、他は江戸時代の模本があるのみである（田中、一九九七）。模本といっても、かなり改変されているようで、いわゆる江戸時代の枕本と化しているようだ。

男は全裸で、烏帽子を着けたまま、メイク・ラブの最中である。烏帽子の下から前髪が見える図はきわめて珍しく、男がしどけなく乱れた様子を表現している。

ここで問題にしたいのは、このようなシーンでも男は烏帽子をかぶっていたのかという点である。それについては、この絵から一般化することはできないと思われる。なぜなら、この二人の場合、特別な事情があって、男はただの武士だが、女はなんと伊勢斎宮なのである。女がはるか雲の上の身分であれば、男は全裸になっても烏帽子を取るわけにはいかなかったであろう。

また、絵画表現上、服を取りさって、顔も身体の大きさも肌の色も似通った二人のジェンダーを区別するものは、誇張された性器のほかには、烏帽子と長い黒髪しかない。性がテーマのポルノである以上、ジェンダーを表象する烏帽子と長い黒髪は不可欠な記号である。

さらに、ポルノグラフィーはあらゆる物を性的な隠喩とする傾向があるので、烏帽子は男性器のメタファーたり得るアイテムだった可能性もある。

後朝の男の生態

実際には、男が情事の際にいつも烏帽子をかぶっていたわけではないだろ

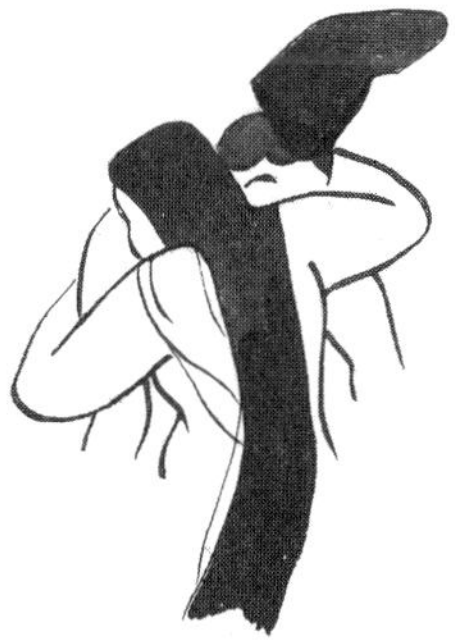

図16　情事に烏帽子をかぶる（『小柴垣草子』より）

う。『古今著聞集』には、策略とはいえ、遊女の枕元に烏帽子を置いてきた男性の話が見えている（巻一六、五四九）。

清少納言は、後朝の男のリアルな姿を、次のように描写している。

暁に女のもとから帰る男は、装束をきちんと整えたり、烏帽子の緒を元結にしっかり結び固めたりしなくていい。だらーっとだらしなく、直衣や狩衣がゆがんでいても、誰も笑ったりしないのだから。夜明け、起きるのをしぶって女に促され、ぐずぐずと装束も着けず、いつまでも名残惜しげに愛をささやきながら出て行くのが、風情があるというものだ。ところが現実の男は、どうやら他にも訪ねる女がいるらしく、シャキーンと飛び起き、うろうろ歩きまわって支度をし、装束をきちんと着て、烏帽子の緒をぎゅっと強く結び入れて頭にかぶる音がして、扇だの畳紙《たとうがみ》だの、夕べ枕の上に置いて夜の間に散乱してしまったものを、暗がりの中で「どこだどこだ」と探し回り、最後は「失礼します」ぐらい言って出て行くのだ（第六一段「暁に帰らむ人は」）。

この話からも、男は寝る時に烏帽子を脱いでいたことがわかる。

清少納言は別の段でも、女のもとから帰る男を、「寝乱れて鬢《びん》が少しふくらんでいるので、無理に烏帽子を押し込んだ様子もしどけなく見える」（鬢のすこしふくだみたれば、烏帽子の押入れたるけしきもしどけなく見ゆ）と書いていて、そういう男の姿がセクシーだと思っていたようだ（第三四段「七月ばかり、いみじう暑ければ」）。

清少納言にとって、烏帽子は恋の場面の小道具でもあった。「にくきもの」（第二六段）では、男が女の家に秘かに忍び込んだとき、長烏帽子が何かに突き当たって「そよろ」と音を立てたら残念ね、と書かれている。

寝ている夫の月代

絵巻物には、夫婦が一緒に寝ている場面がある。図17は、『春日権現験記』の一場面である。夫婦が一つの布団で就寝中だが、男は烏帽子を脱ぎ、月代《さかやき》を剃った頭を露出している。この男は、大和川のほとりに住む藤原吉兼なる人物で、この話の中では脇役なので、一般的な姿で描かれていると思われる。

ここでは、この男が月代を剃っていることは注目に値する。『国史大辞典』の「月代」の項（遠藤武執筆）は、この絵を例に、月代は頭の蒸れを防ぐために剃ったものだと断定しているが、根拠は示されていない。実生活でいつも烏帽子をかぶっていることで、頭が蒸れて薄毛につながることは想像に難くない。しかし、それが月代を作る本来の目的だったかどうかはわからない。

中世の絵には、烏帽子の下から前髪を見せている男がほとんどいない。烏帽子を着用するとき、前髪は見せないものだったようだ。前髪がはみ出すことが露頭を思わせるカッコ悪い姿だったとすれば、月代

図17　烏帽子を脱いで宿る
（『春日権現験記』より）

を剃ればそれは防げる。あるいはそれが、月代を剃る理由だったのかも知れないが、その意味はきちんと考察されるべきだろう。広川二郎によれば、月代の初見史料は、『玉葉』安元二年（一一七六）七月八日、国母建春門院死去の日に、取り乱した平時忠の月代が見苦しかったという記事であり、少なくとも十二世紀には始まっていたことがわかる（広川、一九九五）。そして、近世になると、月代は、烏帽子に代わって、ジェンダーと身分と年齢の象徴になっていくのである。

話を夫婦の寝室に戻そう。図18は『福富草紙』（室町時代）における老夫婦の就寝場面であり、夫は頭上の板壁に萎烏帽子の紐を結んでぶらさげ、薄くなった頭を露出して寝ている。これが、長年連れ添った夫婦の、日常の風景である。

以上のことから、筆者は、中世の男たちは、ふだん寝る時は烏帽子を脱いだという結論に達する。ただし、客や使用人がいるときや、仏前神前など非日常の場合は、その限りではなかったのである。

図18　烏帽子を脱いで寝る
（『福富草紙』より）

4　烏帽子と身分制

近ごろ、あちこちで「烏帽子が落ちるのはパンツが脱げるより恥ずかしかった」という説明を見かけるようになった。間違ってないが、しかし、烏帽子とパンツでは恥ずかしさの意味合いが異なっている。烏帽子が落ちて恥ずかしいのは、下層身分の姿になるからであった。

烏帽子が示す身分制

中世史研究において、初めて烏帽子を身分標識として捉えたのは黒田日出男である。黒田は、冠・烏帽子を可視的身分標識と捉え、冠・烏帽子をかぶるのは、一人前の「人」身分であり、かぶらないのは下位の「童」身分であるとした（黒田日出男、一九八六ａ）。慧眼であったが、ただし、黒田のいう「人」とは、「男」と言い換えるべきである。

中世の世俗の男性には、烏帽子をかぶる男と、かぶらない童とがいて、烏帽子の有無によって身分の差は歴然としていた。ここで童というのは、必ずしも子どもの意味ではない。中世には、年齢的に大人でも、一生元服できず、一人前の男になれず、童髪で過ごす人々があったのだ。人の家に隷属する下人、牛飼童のような職能の人々、非人といわれる人々などである。男の烏帽子が落ちると、瞬時であっても下層身分の姿になってしまうので、それは大変な恥辱だったのである。また、本鳥を切られると、しばらくは烏帽子がかぶれなくなるので、それ以上の恥辱であったわけである。中世の刑罰で「片鬢《びん》を削ぐ」というのは、一定期間、烏帽子がかぶれないようにすること、すなわち童の状態に落とすことで、きわめて屈辱的な刑罰であった（例えば『御成敗式目』第三四条）。

参内は冠で

『枕草子』（一〇〇〇年頃）に次のような話がある。清少納言たちがホトトギスの声を聞きに洛北へ行って散々騒いだ帰り、卯の花で飾り立てた牛車を見せようと若い侍従藤原公信の屋敷を訪ねると、家でくつろいでいた公信は慌てて身支度をしていてなかなか来ない。待たずに行ってしまおうとすると、公信は走って追いかけてきた。清少納言たちは、一緒に宮中に行こうと誘うが、公信は「烏帽子にてはいかでか」と言って断る（第九五段「五月の御精進のほど」）。参内するには、烏帽子ではだめで、冠がなくてはならなかったのである。

貴族の男が参内するときの正装には、冠が必須であった。服装は、束帯《そくたい》、衣冠《いかん》、あるいは直衣《のうし》であり、かぶり物は冠に限られた。

『宇津保物語』（十世紀後半）には、「女は髪上げて唐衣《からぎぬ》着では御前に出でず、男は冠《こうぶり》し上の衣《きぬ》着では御前に出でず」（「吹上」上）とある。物語の中で、保護する皇子に対する過剰な奉仕について述べた言葉だが、これは実際には参内の際の服装の決まりであり、男は、冠をかぶり、上の衣《きぬ》（袍）を着なければ、参内できないものだった。

建武の新政を風刺した『二条河原の落書』に、「キッケヌ冠　上のキヌ　持モナラハヌ笏《しゃく》持テ　内裏マシハリ珍シヤ」とあるのは、武士が俄かに内裏に出仕することになり、慣れない冠を載せた衣冠束帯姿を歌ったものである。

上皇、烏帽子をかぶる

天皇は、冠のみを着用し、烏帽子はかぶらない。天皇は、超越した存在なのである。

烏帽子をかぶる男たちの中で、最上位にあるのは上皇である。十世紀に編纂された『西宮記』には、次のようにある。

○烏帽子
　太上天皇ある時これを着す、自餘の公卿已下、褻《ケ》の時所用也、

（『西宮記』巻一七「冠」、原漢文読み下し）


烏帽子は太上天皇（上皇）が時に着用し、そのほか公卿以下は普段着として褻《ケ》の時に着用するものだと書かれている。天皇には、褻《ケ》の時はなかったのだろう。

平安末期の中山忠親の日記『山槐記』に、高倉天皇が上皇となって、初めて烏帽子を着した記事がある。

今日、新院（高倉上皇）が御烏帽子を着用し始められたという。特別な儀礼はなかった。帥《そちの》大

納言隆季《たかすえ》（執事）がこれを調え進上した。八角形の蒔絵箱二つ（一つには平礼《ひれ》烏帽子が、もう一つには立烏帽子が曲げて入れてあったという）。また、御烏帽子筥《ばこ》一つ（三衣《さんえ》を納めたもの）が献上されたという。新院は、女房たちの所で着用されたという。

〈原文　読み下し〉

今日新院御烏帽子を着け始めしめ給ふと云々。殊なる儀なし。帥大納言（隆季、執事）、これを調進す。八角蒔絵二口（一口は平禮、一口は立烏帽子、タメテ入るると云々）、また御烏帽子筥一合（三衣を納む）、献ぜらると云々。女房中において着せしめ給ふと云々。

（治承四年（一一八〇）三月四日条）

譲位した高倉上皇のために、烏帽子が二つ調えられた。一つは平禮《ひれ》烏帽子（漆で固めていない日常用の烏帽子）で、もう一つは立烏帽子であった。また、柳か竹で丸く編んだ烏帽子筥も献上され、そこには三衣（袈裟）が納められていた。

中世の身分体系の頂点で超越的な立場にある天皇は、常に晴《ハレ》の存在であり、褻《ケ》のものである烏帽子をかぶることはなかった。天皇が、いかに緊張を強いられる立場であったかがわかる。皇位を降りて上皇になって初めて、一般貴族と同様に烏帽子を身に着けた。上皇になると内裏での儀式には参加しなくなるので、褻《ケ》の烏帽子でいることが多くなる。また、在位中はタブーとされていた仏事が解禁になるため、烏帽子とともに袈裟も用意されている。

上皇は天皇の父で、王家の家長の立場で院政を行い、権力を行使したが、身分体系の頂点に在る超越的な王は、あくまでも天皇だったのである。身分としては、上皇も天皇の臣下の位置にあったことが、かぶりものからわかるのである。

高倉天皇の母である建春門院に仕えた健御前（藤原俊成娘）は、高倉天皇が即位したばかりの頃に、父の後白河上皇と母の建春門院に拝礼をした朝覲行幸《ちょうきんぎょうこう》の様子を書き記している（『たまきはる』一二一九年）。天皇は、上皇と女院の御所を訪れて拝礼し、御遊などがあって、やがて天皇が帰るとき、上皇が天皇の裾を取って奉仕した。それを見て女院は「昼の御拝とは逆ね」（昼の御拝には相違かな）と言う。上皇は天皇に対して父権をもつが、国家的な身分秩序においては臣下なのであった。

ただ、上皇の服装の規定は貴族たちに比べてずっと緩く、かなり自由が許された存在だった。

鎌倉時代初期、十三世紀初頭の成立とされる『古事談』には、後三条天皇が東宮時代の終わり頃、烏帽子を着用していたという記事がある（巻一―五八）。伊藤玉美はこれについて、後三条は自分が即位することなく終わることを覚悟していたためと解釈している（伊藤、一九九六）。だが、その直後、後三条は晴れて即位した。大嘗会を迎えたとき、彼は、代々の天皇が着用してきた「応神天皇の御冠」なるものが、頭にぴったりはまって、大いに喜び、常々自讃したという（巻一―五九）。

上皇の烏帽子をもらった話　貴族たちが、上皇に出仕するときは、冠でなく烏帽子でも許される場合があった。『古事談』（十三世紀初）には次のような話がある。

鳥羽院の御前で酒宴があったとき、院が寵愛する宰相中将信通は、酒豪であるにもかかわらず、一、二度飲んだだけで、後は固辞した。飲め飲めと責め立てられた信通は、「冠の額がきつくて、飲めないのです」と、実に辛そうに言う。それを聞いた上皇は、すぐさま自分の烏帽子を取り、「これをせよ」と言って与えた。すると、御前にいた堀川左大臣俊房が、自分の烏帽子を取って出し、上皇の烏帽子を自分の小さい本鳥に着け、

「俊房のものを使いなさい。上皇の御烏帽子を直接もらうのはいかがなものか。」

と言って、自分の平礼《ひれ》烏帽子を信通に与えた（巻一―九〇）。

これは、三人の男たちがその場で自分の冠・烏帽子を脱いで与え合うという、なかなか見られない奇妙な光景である。俊房の本鳥が小さい、すなわち毛が少ないというかなりプライベートな事項まで露出されている。

先にも述べたように、主人が自分の烏帽子を部下に与える行為は、男同士の主従の絆を確かめ合う意味があったと思われる。特に、ここでは、まだ体温が残っている烏帽子をその場で脱いで与えるという、なかなかエロティックな行為である。鳥羽上皇は、寵愛する信通に自分の烏帽子を脱いで与えようとしたのに、俊房に横取りされてしまったということか、三人のさや当てのようなやりとりである。

この話からはまた、冠・烏帽子のサイズが合わないと、かなり辛かったということがわかる。

図21　折烏帽子（『法然上人絵伝』より）

図19　立烏帽子（『法然上人絵伝』より）

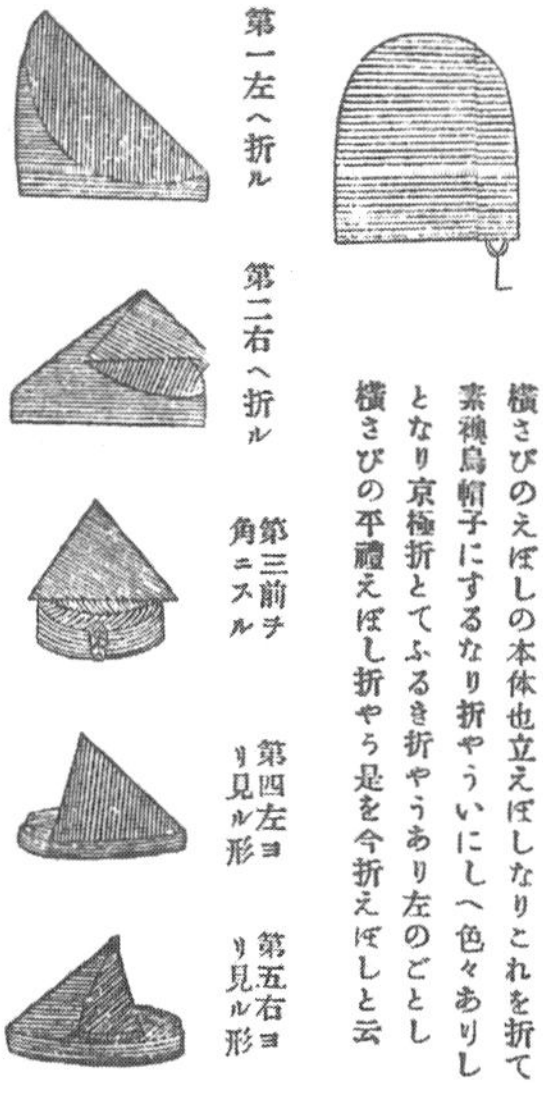
横さびのえぼしの本体也立えぼしなりこれを折て
素襖烏帽子にするなり折やういにしへ色々ありし
となり京極折とてふるき折やうあり左のごとし
横さびの平禮えぼし折やう是を今折えぼしと云
第一左へ折ル
第二右へ折ル
第三前チ角ニスル
第四左ヨリ見ル形
第五右ヨリ見ル形

図22　折烏帽子の折り方（『歴世服飾考』より）

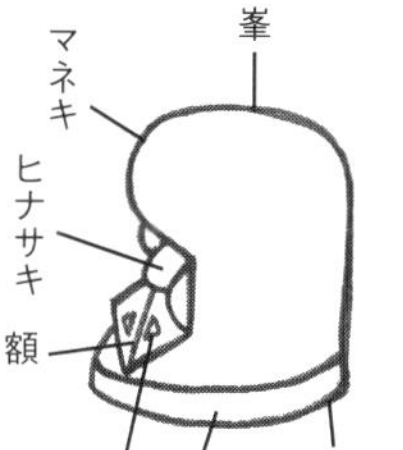
峯
マネキ
ヒナサキ
額
眉
ヘリ
風口

図20　立烏帽子の折り目（『歴世服飾考』より）

身分による烏帽子の違い　烏帽子にはさまざまな形のものがあり、身分によって着用する形が違っていた。ここでは、著者未詳『装束集成』（成立年次不詳だが江戸時代までさかのぼる）、田中尚房著『歴世服飾考』（一八九三年）などの故実書を手掛かりに、貴族、武士、一般庶民それぞれの烏帽子の基本形をまとめておきたい。

まず、図19は立烏帽子で、殿上人以上の貴族がかぶるものである。武士でもしかるべき官位の者は、改まった場ではこれを着用した。ほかには、神社関係者などもこれを着用した。立烏帽子は、図20のような折り目がつけられていた。この折り目の中の「眉」と称される部分が、左一方にあるもの（左眉、左上がり）、右一方にあるもの（右眉、右上がり）、両側にあるもの（諸眉《もろまゆ》）といったデザインの違いがあり、左眉は公卿一般、右眉は上皇および親王、諸眉は一六歳までと決められていたという。上皇は、同じ烏帽子姿でも、細かいところで貴族と差別化が図られていたのである。

次の図21は折烏帽子で、地下《じげ》の者（六位以下）や武家が着用した。武家が用いたので侍烏帽子ともいう。折烏帽子は、図22のように折りたたんで形を整えて作られる。折り方にはいろいろあったらしい。

絵巻物の絵を見ると、烏帽子はかなり頭の後ろの方にかぶるものだったようで、頭の後ろにつきだした部分（風口）が広い（図23）。頭の蒸れを防ぐためだろう。風口は、現代人が想像する以上に広かったようである。

図24　萎烏帽子（『伴太納言絵巻』より）

図23　風口（『法然上人絵伝』より）

図26　烏帽子を外した漁民（『石山寺縁起』より）

図25　萎烏帽子を紐で縛る（『粉河寺縁起』より）

これらの烏帽子は、「烏帽子折」と呼ばれるプロの職人が、絹や紙を使って折り、漆を塗って仕上げた高価なものである。

さらに、図24は萎《なえ》烏帽子といい、漆で固めていない柔らかい布製で、一般庶民が用いた。このような簡略なものでも、肉体労働には邪魔だっただろう。絵巻物には、図25のように、萎烏帽子を本鳥にかぶせて、上から紐で縛った姿がしばしば見られる。これなら、まず落ちることはない。

それでも、まだ邪魔だったとみえて、図26のように、烏帽子を外して本鳥を露出した男たちもいる。これは、海や川で働く漁民であり、水に入るときは人前でも烏帽子を外すしかなかった。漁民は、日常的に本鳥をさらして働いた。そのことで、人から低く見られることもあっただろう。

以上が、烏帽子の基本形である。烏帽子はこのほか、貴族の普段用の柔らかい平禮《ひれ》烏帽子や、武装して甲の下に着用するために漆を塗らない揉《もみ》烏帽子など、さまざまなデザインができて、場に応じて使い分けられた。

西園寺家の烏帽子㊙話

烏帽子の形は、家によっても違いがあった。鎌倉時代には、貴族や武家の家が分立し、家格が成立した。そうした中で、次第に烏帽子にも家の形というものができていった。『歴世服飾考』は、「花園家所伝折烏帽子図」「京極折図」「新田折図」「佐々木折図」など、家によって異なる烏帽子の折り方を紹介している。

鎌倉時代前期に源通方が著した『餝抄《かざりしょう》』は、烏帽子の形は家々によって違いがあるとして、西園寺家の烏帽子の由来について、次のように語っている。

西園寺入道生国公経《しょうごくきんつね》公の一門は、烏帽子の額の上を押しつぶしてひしゃげた感じにする。それは、先祖の阿古丸大納言（藤原公実）を白河院が寵愛していたとき、いつも烏帽子の先を取って引き寄せられていたのが、その始まりだという。

〈原文〉

入道相国公経公一門、烏帽額上ヲ取ヒサグ。先祖阿古丸大納言白河院寵愛之間、烏帽ヲサキヲ取テ常引寄給、其濫觴云々。（東京大学史料編纂所　所蔵史料目録データベース）

これによれば、西園寺公経一門は、四代前の先祖が白河上皇と愛人関係にあったことを誇りとし、その記憶を烏帽子に刻み付けて代々かぶっていたというのである。

院政期の貴族社会は、男たちが網の目のように性関係を結び、その人脈によって政治が動く独特な世界であった（五味、一九八四）。中世の男どうしの絆は、十分にホモソーシャルな関係（セジウィック、二〇〇一）であるものの、近代と異なり、ホモフォビア（同性愛嫌悪）をその要素とせず、男たちの絆がそのまま性的な絆となった。男どうしの絆は、性関係によってより強固なものにされたのである。

もちろん、それは恋とか愛などといったものではなく、政治的な思惑と、上下主従の関係による強制が介在する性関係だった。その点でも、異性間の性（愛）や婚姻と同様だったのである。中世貴族社会の男たちにとって、男どうしの性愛は、男女の性愛・婚姻と二者択一のものではなかった。むしろ、老童男女どんな相手とでも愛を語れる男が理想とされたのである。

ただし、この史料の「阿古丸大納言」という言い方はあまり敬意を払っているとは思えず、宮廷ゴシップの可能性も否定できず、事実かどうかは不明である。

源氏の嫡流は左折

武家がかぶる折烏帽子（侍烏帽子）は、右か左かどちらかに折りたたんで作られる。鎌倉時代には、源氏の大将は左折にするという話ができた。

『源平盛衰記』（十四世紀）の伝える話である。

石橋山の合戦で敗れた頼朝主従が落ちていくとき、甲を捨てた大童《おおわらわ》の頭では落人だとバレてしまうので、何とかして烏帽子を手に入れたいと思っていたところ、運よく、甲斐国住人で烏帽子商人の大太郎が、烏帽子の入った箱を肩にかけて歩いて来た。大太郎は土肥実平の家人で、土肥の所領内に家を持ち、烏帽子を商うために土肥のもとへ通ってくる者だった。土肥は大太郎に、落人八人分の烏帽子を折るよう命じる。大太郎は一行を自分の家に招き、酒肴でもてなす間に烏帽子を折ったが、慌てていたので七頭《かしら》は右に、一頭だけは左に折ってしまった。そして、偶然、左折のものを頼朝に渡した。頼朝は言う。

「不思議なことだ。わが源氏の祖先の八幡太郎殿が左烏帽子をお着けになって以来、当家の大将軍は代々左折と決まっている。いま、流人で落人の身でありながら、私がこれを着るとは稀有な、有難いことだ。」

〈原文〉

不思議也。源氏ノ先祖八幡殿ハ左烏帽子ヲ著給シヨリ。当家代々ノ大将軍ハ左折ノ烏帽子ナルニ、今流人落人ノ身ナガラ是ヲ着コソ難有ケレ。（巻二二「大太郎烏帽子」）

烏帽子折の職人が武家の家人として所領内に住み、独占的に烏帽子を供給、販売していた様子がわかって、非常に興味深い。また、烏帽子を一頭《ひとかしら》、二頭《ふたがしら》という序数詞で数えるのも興味深い。

やがて、この説は、義経の物語に取り入れられていった。中世末期の幸若舞『烏帽子折』（『新群書類従』八）では、牛若丸が、元服するために烏帽子を誂えようと、自ら烏帽子折の太夫を訪ねる。どんな烏帽子がよいかと聞かれ、知識のない牛若丸は、自分の家は先祖代々、左折と聞いている、と言う。太夫はあきれて、左折は故源義朝さまの御子だけがかぶるもの、なぜお前のような者が所望するのか、と腹を立てるが、牛若はいろいろ言い取り繕って、結局、左折をあつらえるのである。

同様の物語は、能にもあり、やがて、近松門左衛門の浄瑠璃など、近世芸能に影響を与えていくのである。

源氏の大将が左折の烏帽子をかぶるという説が、果たして事実かどうかは未考であるが、烏帽子の形が家を表すという観念が存在したことがよくわかる。

冠者考

元服した若者を「冠者」(かんじゃ・かじゃ)という。元服式では、新成人を指す言葉として使われる。

だが、われわれ現代人は、冠者と聞くと、狂言の太郎冠者、次郎冠者という奇妙な名前のキャラクターを思い出すのではないだろうか。彼らは、いつも威張った主人に命令されながら、したたかに生きる下男である。なぜ、彼らは冠者と呼ばれているのだろうか。ここでは、この冠者という言葉について考えてみたい。

『日本国語大辞典』で「かんじゃ」を引いてみると、次のような意味が載っている。

⑴元服して冠をつけた少年。転じて、弱年の者。若者。また、弱輩者。かざ。かんざ。かじゃ。
⑵六位で、無官の人の称。かじゃ。
⑶召使の若者。従者。家来。かじゃ。

狂言の太郎冠者・次郎冠者は⑶に当たる。

この言葉はもともと、古代中国で造られ、『論語』にも出てくる古い語なので、その意味内容は広いが、中世日本では、まず第一義的には⑴のように、元服した若者を指した。

例えば、『梁塵秘抄』(十二世紀後半)には、次のような歌がある。

嫗《おうな》の子供の有様は　冠者は博打の打負けや　勝つ世なし　禅師は夙《まだき》に夜行好むめり　姫が心のしどけなければ　いとわびし　(三六六)

子どもは親の思い通りには育たぬもの。媼には三人の子がいて、一人は冠者（男）となっているが、バクチをしては負け続けている。僧になった禅師は夜遊びばかり。頼りにしたい一人娘はだらしがないので、あな、わびし、というのである。

また、『今昔物語集』（十二世紀前半）には、「年若く勇みたる冠者ばら」が、大きな白い犬が美女をさらって妻として棲んでいると聞き、犬をやっつけて美女を取ろうと盛り上がって、山を登って行く話がある（巻三一―一五）。冠者の複数形が「冠者ばら」（冠者原）である。ここでの冠者ばらは、血気盛んで、集団で騒ぎを起こす若者どもである。

次に、(2)の「六位で、無官の人の称」になったのは、なぜだろうか。貴族官人は、元服と同時に官職を得て、その官職名で呼ばれるようになるのだが、中には元服しても官職をもらえない人もあり、そういう人は「冠者」と名乗るしかなかったのだ。例えば、鎌倉時代の説話集『十訓抄』（十三世紀半ば）は、大江匡房《まさふさ》について、「匡房卿、いまだ無官にて、江《ごう》冠者とてありけるを」（巻上、一ノ二一）と記している。

また、『吾妻鏡』（鎌倉時代後期）は、蒲冠者範頼《かばのかんじゃのりより》、木曽冠者義仲など、源氏の一族に多く冠者をつけている。例えば、頼朝の弟範頼の場合は、最初、「蒲冠者」だったが、三河守に任じられてからは「三河守」と記されるようになる（『吾妻鏡』元暦元年（一一八四）六月二十日条）。範頼の年齢はわからないが、彼は義朝の六男であり、その年、七男の阿野全成《ぜんじょう》（童名は今若丸）が三二歳だったから、それより上だったことは確かである。三二歳は今なら若者だが、当時としては立派な中年だったので、「蒲冠者」の冠者に若者という意味はない。

源義仲も同様で、『吾妻鏡』は最初「木曽冠者」と記し、彼が伊予守兼征夷大将軍に任じられると、「冠者」と書くのを止めている（寿永三年《一一八四》一月十日条）。このとき、義仲はすでに三一歳であった。義仲もまた、三〇歳を過ぎて官職にありつくまで、「冠者」だったのである。しかも、義仲にはこのときすでに息子がいて、志水《しみずの》冠者《かじゃ》と名乗っていた。つまり、父子とも「冠者」の時期があったのだ。

この他、『吾妻鏡』では、大内惟義も相模守になるまで「大内冠者」であり、足利義兼も上総介に任じられるまで「足利冠者」だった（文治元年《一一八五》八月二十九日条）。この二人も源氏一門である。源氏なのに官についていない、という意思表示だろうか。「おぼっちゃま」「御曹司」といったニュアンスがあると思われる。

下人を冠者と呼ぶ理由

一方、「冠者」には、『国語大辞典』の(3)のように従者に用いられる場合がある。これが、太郎冠者、次郎冠者の場合である。どうして、従者を冠者というのだろうか。

史料にはしばしば、「郎等《ろうとう》冠者原《かじゃばら》」というように、冠者ばらと郎等が一緒に記されている。また、「下人冠者原」（『鎌倉遺文』三〇五二二号、嘉暦四年《一三二九》二月日、『筑後鷹尾家文書』）と記された例もある。冠者は下人身分に対して用いられる言葉でもあった。下人身分（下男・下女）は、主人に隷属し、財産として売買・譲与の対象になる奴隷的存在である。

　下人の名前は、しばしば「冠者」をつけて記されている。鎌倉時代の古文書には、鬼王冠者（天福二年（一二三四）正月廿日、『伊勢光明寺残篇裏文書』『鎌倉遺文』四六〇三）、次郎冠者（『中山法華経寺所蔵日蓮筆双紙要文一二・一三裏文書』建長二年（一二五〇）カ、『鎌倉遺文』七二六七）などが散見される。

　黒田日出男の身分制論では、下人身分の本質は「童」である。特に代々相伝されて生まれながら仕える譜代下人について、黒田は次のように述べている。

> 幼い頃から主人の家で養われ、共同飲食や主人の子との遊び等のさまざまな場面を通じて、主人に対する親子関係のような恭順の感情のないまざった、そして主人の子に対しては兄弟に対するような一体感をもった支配・隷属関係を再生産するのである（黒田日出男、一九八六ａ）。

　下人身分の身分的本質が童であるという指摘は納得できるものであり、広く認められている。ただし、実態を見ると、下人の男は、元服して烏帽子をかぶる者がむしろ多かった。例えば、恵信尼（親鸞の妻）は、家で召し使う下人について、「さておとほうしと申候しは、おとこになりてとう四郎と申」と述べている（文永元年（一二六四）五月十三日「恵信尼書状」『山城本願寺文書』『鎌倉遺文』九〇九五）。下人のおと法師は、元服してとう四郎と名乗った、つまり、「冠者」になったわけである。冠者と呼ばれる下人は、主人の恩恵によって元服し、烏帽子親・烏帽子子として主従の絆をより強固にし、隷属性を一層強めた者なのである。狂言の太郎冠者、次郎冠者は、まさにこうした譜代下人だったのだ。女の下人も、主人の恩恵で裳着《もぎ》をして、童から女になったものと思われる。

成人した下人は、「男」「女」と呼ばれた。古文書では、「六郎太郎男《おとこ》」「袈裟亀女《けさかめおんな》」「自然童《じねんわらわ》」のように、名前に「男」「女」「童」をつけて区別している（嘉暦二年《（一三二七）》二月四日「行智所従譲状」『祢寝文書』『鎌倉遺文』二九七四〇）。人を「男」「女」とジェンダーそのものの称で呼ぶと、それは即ち下人などの従者や犯罪者に対する蔑称としての意味となった。

烏帽子もせぬ舅

下人の男たちの多くが元服して烏帽子をかぶる一方で、年齢を重ねてもずっと烏帽子をかぶらぬ人々もいた。絵巻物には、そうした人々も多く描かれている。そうした人々は、牛飼い童、小舎人童など、一生、身分的には童であった（黒田日出男、一九八九）。

『今昔物語集』（巻二九—四）には、次のような話がある。

ある男が、裕福な家の婿となったが、婿入りした後も、妻の親に会ったことがなかった。やがて妻は妊娠し、具合が悪そうに臥せっているので、出産時が心配でたまらず、自分まで具合が悪くなり、いっしょになって臥せっていた。すると、障子の外に気配がして、紅の衣に蘇芳染の水干を重ねた袖口が見えた。見れば、それは「髪をば後ろざまに結ひて、烏帽子もせぬ者」で、舞楽の落蹲《らくそん》（図27）にそっくりだった。あさましく恐ろしく、昼盗人かとおののいたが、実は、それが妻の父だった。この異形の舅は、かつて人に使われて盗人に加担し、捕らえられたが逃亡し、以後、死んだことにして隠れ住んでいたのだった。男は、舅のことを口外しない約束をし、引き換えに、多くの財物を相続した。

ここで、男が舅の姿を見て昼盗人かとおののいたのは、烏帽子をかぶっていなかったからである。世俗の男性で烏帽子をかぶらぬ人々の中には、この舅のような前科者や、病気や障がいによって社会から疎外された人々、非人などと呼ばれた人々があった。隠れて棲んでいるなら、もっと目立たない恰好をすればよさそうなものだが、赤い衣もまた、こうした人々を表象するものだった。

小田雄三は、検非違使の獄では罪人は烏帽子をかぶらず、放免される際に烏帽子をかぶることを指摘している（小田、一九八三）。地獄に堕ちた男が烏帽子をかぶっていないのと同様に、罪人は烏帽子をはく脱されたのである。この舅の場合は、脱獄したから烏帽子はないままだったのだろう。

絵巻物にはしばしば、髪は蓬髪で、肌の色が青黒く、痩せて、粗末な衣をまとい、寺社の門前などに集まる乞食非人《こつじきひにん》と呼ばれた人たちの姿が描かれている（図28）。また、図29は烏帽子をかぶった男たちに交じって土木工事に従事する蓬髪の男性である。

それでも、この舅のように、所領をもつきわめて裕

図27　落尊面（江戸時代）東京国立博物館蔵（文化遺産オンラインより）

福な者もいたのである。

　なお、この説話からは、妻の妊娠中に一緒に具合がわるくなる男がいたことがわかり、興味深い。

クソでもへでもない者

　中世には、身分的な境界に位置する人々が広範に存在した。『沙石集』（十三世紀後半）が語る話である。

　上野国新田荘の世良田の長楽寺で、ある高僧が説経をしたとき、近国の道俗男女が大勢集まって聴聞した。その中に、一人の山伏がいた。すると高僧は、いきなりその山伏を指して難じ始め、

　男かと思って見れば、袈裟のようなものを着ている。烏帽子も着けず、稚児でもなく、法師でもない。屁でもなく、クソでもない、下痢便のような者だな。

〈原文〉

男かと見れば、さすが袈裟の様なる物懸けたり。烏帽子も着ず、児にも非ず、法師にも非ず。下風《げふう》でもなく、屎《くそ》でも

図28　乞食非人と呼ばれた人々（『一遍上人絵伝』より）

図29　蓬髪（『当麻曼荼羅縁起』より）

なく、びり屎の様なる物ぞや（カタカナを平仮名に改めた）。と、言うのである。聞いていた僧たちは、「山伏は猛々しい者なのに、何という恐ろしいことを」と思ったが、この高僧の言葉は悪口として発せられたものではなかったので、山伏の心に響き、山伏は出家遁世した（『沙石集』巻六—六）。

黒田日出男はこの話から、この山伏のような、男、童、法師のいずれでもない境界的な人が広く存在したこと、そしてこうした人々が身分の分類を突き崩していく力になっていく可能性を示唆している（黒田日出男、一九八六a）。

それにしても、「男かと見れば袈裟を着ていて、烏帽子も着けず、稚児でもなく、法師でもない者」と聞くと、あの有名な、異類異形の三人組が思い出されてならない（図30）。

以上に見てきたように、中世の男たちが烏帽子をかぶらぬ姿を恥としたのは、それが下層身分の姿だったからである。ここには、現代人が失った中世人の独特な名誉感覚がある。男という身分とジェンダーは特権であった。そして、その特権の象徴が烏帽子だったのである。

図30　異類異形の三人組（『融通念仏縁起』より）

5　烏帽子のダンディズム

烏帽子が自らの身分を示すものなら、美しく立派なものをかぶりたいと思うのが人情である。男たちは烏帽子のオシャレにこだわった。

ファッショニスタ有仁

院政期はメンズ・ファッションの転機であり、男の貴族の装束は、これまでの糊を使わないなよやかな萎装束《なえしょうぞく》から、ピンと張って折り目をつけ、直線的で体を大きく見せる強装束《こわしょうぞく》へと変化した。このとき烏帽子も、漆を硬く塗り固めた背の高いものになったのである。こうした時代の変わり目に、ファッションリーダーとして新しい流行を生み出したのが、花園左大臣源有仁《ありひと》（一一〇三〜四七）であった。

『今鏡』（十二世紀後半）には、次のような記事がある。

この大将殿（有仁）は、ことのほか装束のことを好み、上の衣の長さなどを細かく記して、装束の道に秀でていらっしゃった。

だいたい、昔は装束の決まりも知らず、指貫《さしぬき》の裾を踏んで歩き、烏帽子も硬く塗ることはなかったようだ。最近でこそ、さび烏帽子、きらめき烏帽子など、時々で使い分けているようだ。白河院は、御装束を着付ける人がスタイルを調えたのを、お咎めになったということだ。どれだけ世の中が変わったものだろうか。

烏羽院、花園左大臣（有仁）、おおよそ皆、御顔もそれぞれ異なるタイプの美男《イケメン》で、姿も何とも言えず美しくいらっしゃる上に、細かく服装について気を配られていて、それが世の習慣になり、肩当、腰当、烏帽子止め、冠止めなどのアクセサリーをしない人もいない。また、それらをつけずにいられるわけもない。冠や烏帽子の先は雲に届くほどだから、止めなければ落ちるであろう。時代の気分に合っているからだろうか、今の世では、袖のかかり具合や、袴の端など、きちんと折り目を付けて整えてあるのがふさわしく、だらりとくつろいだ感じなのは見苦しく見える。「衣紋《えもん》の雑色《ぞうしき》」などと言って蔵人になった者も、この家から出た人だ（意訳）。

〈原文〉

この大将殿はことのほかに衣紋をぞ好み給ひて、上の衣などの長さ短さのほどなど、細かにしたため給ひて、その道にすぐれ給へりける。

おほかた、昔はかやうのことも知らで、指貫もなかふみて、烏帽子も強《こは》く塗ることもなかりけるなるべし。このごろこそ、さび烏帽子、きらめき烏帽子など、折々変りて侍るめれ。白河院は御装束まゐる人など、おのづから引き繕ひなどしまゐらせければ、さいなみ給ひけると聞き侍りし。いかに変りたる世にかあらむ。
　鳥羽の院、この花園の大臣《おとど》、おほかたも御みめとりどりに、姿もえもいはずおはしますうへに、細かに沙汰せさせて、世のさがになりて、肩当、腰当、烏帽子とどめ、冠《かぶり》とどめなどせぬ人なし。またせでもかなふべきやうもなし。冠、烏帽子の尻は雲をうがちたれば、さらずば落ちぬべきなるべし。時にしたがへばにや、この世に見るには、袖のかかり、袴のきはなど繕ひたてたるはつきづきしく、うち解けたるはかひなくなむ見ゆる。衣紋の雑色などいひて、蔵人になれりしも、この御家の人なり。

（『今鏡』「御子たち」第八）

男たちがつけるようになった烏帽子止めなどのアクセサリーは、高い烏帽子が落ちないようにかぶるための必須アイテムだったのだ。同じ頃にできた『梁塵秘抄』にも、次のような歌がある。

この頃都に流行るもの、肩当《かたあて》腰当《こしあて》烏帽子《えぼうし》止《とどめ》、襟の立つかた、錆《さび》烏帽子、布打の下の袴、四幅《よの》の指貫《さしぬき》

（三六八）

錆《さび》烏帽子とは、烏帽子にシワを入れたもの。四幅の指貫とは、幅の狭いスリムな指貫である。
なお、この源有仁という人は、後三条天皇の皇子の子で、白河天皇の猶子として元服し、有仁親王として一度は皇位継承者と目されたが、白河天皇に実子（崇徳）が生まれると臣籍に下り、源姓となった。以後は、諸芸に秀で、儀礼に通じた美貌の公卿として出世を重ね、ファッショニスタとして流行の先端に立ち、華麗な、しかし長くはない四五年の生涯を送ったのだった。

有仁が生きた白河・鳥羽院政期は、中世の中でも一つの大きな時代の変わり目であった。荘園制が確立し、家の重要性が増し、母方祖父より父が権力をもつ世になり、夫方が用意した家に妻が住むケースが見られるようになった。男というジェンダーの価値と権力が上昇したのである。武力の重要性も増してきた。こうした時代に、メンズ・ファッションは、「大きいことはいいことだ」とばかりに、折り目をピンとつけ、高い烏帽子をかぶり、ジュエリーを光らせたものとなった。やがて、平清盛の全盛期になると、こうしたファッションは「六波羅様《ろくはらよう》」と呼ばれて、さらに大流行する。

『紫式部日記絵巻』の男たち

美術史家の池田忍は、院政期に制作された『源氏物語絵巻』（十二世紀前半）と、鎌倉時代の『紫式部日記絵巻』（十三世紀前半）の人物造形を比較している（池田、一九九八）。

『源氏物語絵巻』が制作された時期も有仁の時代と重なるかもしれないが、有仁流の最先端のモードは、ここでは採用されていない。王朝の美意識のままに、体の大きさも引目鉤鼻の顔も、男女の区別がなく、男の装束は柔らかい。男の立ち居振る舞いも、王朝物語に書かれた高貴な男の美しい仕草である。

これに対して、『紫式部日記絵巻』では、男の方が女より体が一回り大きく、ピンと張った強装束を身につけている。着座の姿は前向き。着座にしても立ち姿にしても、何やら空気を入れてふくらませたような姿である。これこそがまさに、有仁たちが流行らせ、その後主流になったスタイルなのだろう。

また、女の顔が従来の引目鉤鼻であるのに対し、男は、上下のまぶたの間に黒目が描かれ、鼻の線が目の間から長く引かれ（図31）、小鼻が描かれているものもある。女の黒髪の曲線的な美しさは、より強調されている。

ただし、烏帽子については、どちらの絵巻も同じぐらいの高さがあって差は認められない。烏帽子は装束よりも重要なので、当世風の立派なものにしないと高貴な男に見えなかったのだろう。

さらに時代が下って、鎌倉時代の末に成立した『徒然草』には、近ごろの冠は高くなったので、古い冠をもっている人は丈を継いで使う、と記されている（第六六段）。鎌倉時代の終わりになっても、なお、メンズ・ファッションは大きさを志向し続けていた。

烏帽子の素材は何か

烏帽子は、どのような素材でどのように作られていたのだろうか。有職故実書を見ると、烏帽子は、布（絹、麻）や紙に漆を塗って作ると書かれてい

図31　男の顔の変化（『源氏物語絵巻』『紫式部日記絵巻』より）

る。

そして、われわれは烏帽子の本物を見ることができる。全国で十数例、中世の烏帽子の実物が発掘されているのだ。それらは地中で押しつぶされ、必ずしも原型をとどめておらず、繊維も腐食している場合が多いが、それでもホンモノならではの情報を語ってくれる。

大阪府茨木市の来栖山南墳墓群の土葬墓から出土した鎌倉時代の二点の烏帽子のうちの一つは、「絹布と麻布を何枚も重ね、漆を塗布して仕上げている。烏帽子は折烏帽子で、その折方が前方を右側頭部に向けて折り、さらに後方を左側頭部に向かって折っている」という（大阪府文化財センター、二〇〇二）。

千葉県市原市の西野遺跡から発掘された鎌倉時代前期（十二世紀末～十三世紀前半）の烏帽子は、一枚の麻布（苧麻）の外側に絹布を貼り合わせ、二回以上漆を塗ったものである（永嶋、二〇〇五）。

滋賀県大津市の大石城遺跡出土の折烏帽子は、室町時代、十四世紀のもので、まず苧麻製の薄い布を二枚、袋状に張り合わせ、それを黒く着色し、それに平織の絹を漆で貼り、漆が固まる前に折って、折烏帽子にしたものである（滋賀県文化財保護協会、二〇一六）。

以上の例は、麻（苧麻）の布を芯とし、その上に絹を張り合わせ、漆を塗って作られたことが報告されている。

また、芯に紙を用いた例もある。人骨がかぶった状態で埋葬されていた岡山県岡山市鹿田遺跡の鎌倉時代の烏帽子は、紙芯布張りで、漆が下地も含めて五回以上塗り重ねられていた。まず下地として鉱物を含んだ漆が塗られ、その上に透明漆が四、五回にわたって塗り重ねられていた（岡山大学、二〇一四・二〇一八）。青森県米山⑵遺跡から出土した十三世紀後半の折烏帽子は、和紙に漆を塗りながら成形し、その外面に目の粗い布、その外に目の細かい平織りの布を重ね、透明漆を二―三層程度塗布したものである。内側の布は麻、外側は絹と推測されている（木村恵理、二〇二一）。

栃木県下都賀郡国分寺町の下古館遺跡出土の折烏帽子も、粗製の絹か麻布を二枚合わせて作られていて、紙の内型もあった。外面は布目があり、艶のある黒色であるのに対し、内面は柿渋色で、渋で紙を固めているようだ（山口、一九九二）。

この他、構造がわかるいくつかの例から、高級で正式な烏帽子は、麻か紙を芯とし、平織りの絹を漆で張り、さらに漆を塗り重ねて仕上げるものだったことがわかる（木村恵理、二〇二一）。布が複数枚、重ねられた例もある。烏帽子は、規格品ではなく、オーダーメイドされた世界に一つの職人の手作り品である。毎日使うものながら、なかなかぜいたくな工芸品であった。

一方、麻・絹など単一の素材に漆を塗ったものも見つかっている。より簡略な品であろう。先に挙げた大阪府茨木市の来栖山南墳墓群の、鎌倉時代の二点の烏帽子のうちのもう一つは、「黒褐色をしており、麻布に漆を何度も塗布している。布は平織りである。残存状況から、折烏帽子である」と報告されている（大阪府文化財センター、二〇〇二）。麻だけであれば、より安価なものと思われるが、何度も漆が塗ってあるというのはやはり高級品のようにも思う。

　また、神奈川県平塚市坪ノ内遺跡出土の立烏帽子は、二つ折りの状態で全体の形状がきれいに残っているが、イネ科の植物繊維の上に少なくとも四回にわたり漆が塗られていた（平塚市博物館ＨＰ）。埼玉県里字《さとあざ》屋敷添《やしきぞえ》第２遺跡出土烏帽子は、室町時代のもので絹の上に漆が塗ってあるという（文化庁「文化遺産オンライン」）。絹だけで固めたものだろうか。他は消失したのだろうか。繊維は腐食して消失することもあるので、これらの個々の事例について、本当に単一素材であったのか断定できないところもある。

さび烏帽子、きらめき烏帽子

　先に見たように、『今鏡』には、有仁の時代に、さび烏帽子、きらめき烏帽子などが使い分けられるようになった、と書かれている。これは、烏帽子の表面にシワを入れるか、ツルツルに仕上げるか、といったこだわりである。

　烏帽子の表面のシワを「さび」という。『装束集成』『歴世服飾考』は、次の図32を

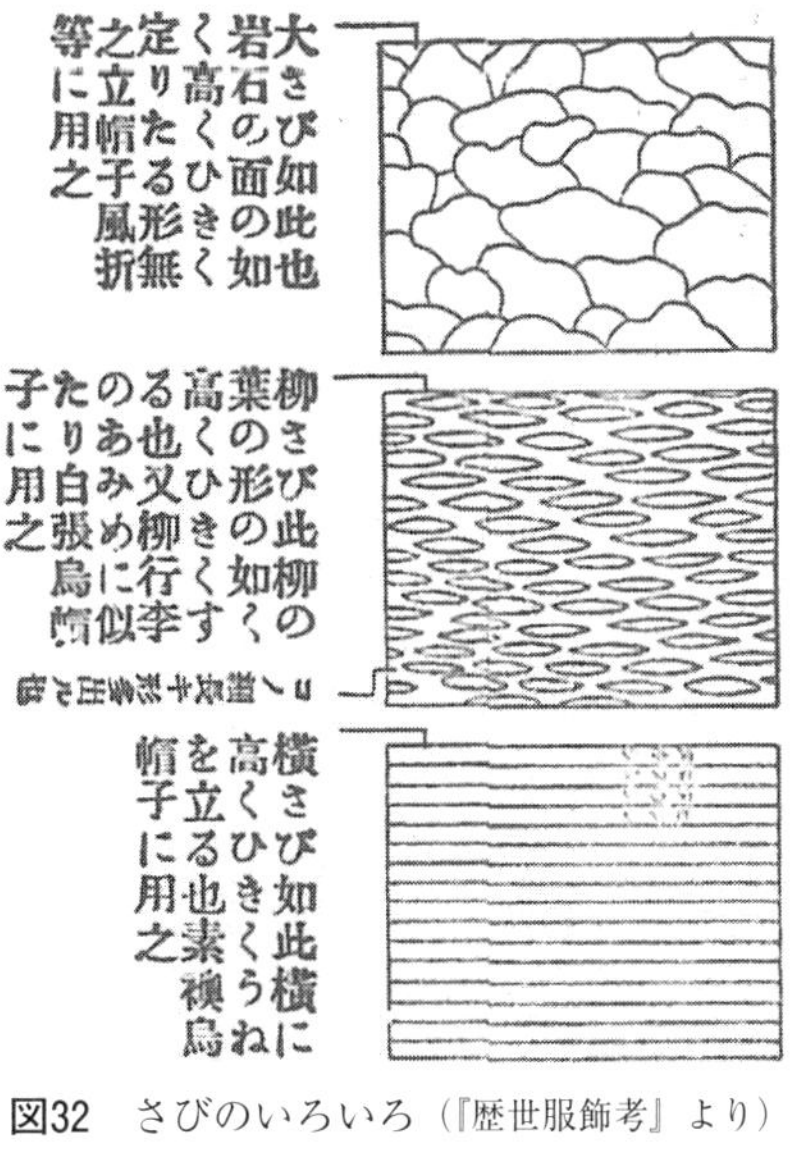
大さび如此也
岩石の面の如
く高くひきく
定りたる形無
之立帽子風折
等に用之
柳さび此柳の
葉の形の如く
高くひきくす
る也又柳行李
のあみめに似
たり白張烏帽
子に用之
横さび如此横に
高くひきくうね
を立る也素襖烏
帽子に用之

図32　さびのいろいろ（『歴世服飾考』より）

載せて、さびのいろいろを紹介している。まず「大さび」は、岩石の面のように不規則にデコボコしたシワを作ったもので、立烏帽子に使われる。「柳さび」は、より細かなシワを入れたもので、シワが柳の葉の形に見えるのでこの名がある。なかなか渋くて良さそうだが、貴人は用いず、無位の社人や雑色など身分の下の者が着用するものだった。さらに「横さび」といって、平行な横縞になるようにシワを作るものがある。これら、各種のシワのある烏帽子を「さび烏帽子」という。

これに対して、シワを作らず、つるつるピカピカに塗って光らせた烏帽子を、「きらめき烏帽子」という。

図33　烏帽子折（『七十一番職人歌合』より）

塗りにこだわる

烏帽子に塗る漆の色は黒だが、黒という色は奥深く、いろいろな黒があるものだ。『歴世服飾考』によれば、烏帽子の塗りには、「黒漆」「椋の実」「サハシ」の三種類があった。黒漆は黒く艶があるように塗ったもの、椋の実とは光らないように塗ったマット仕上げのもの、サハシとは漆をサッと艶なく薄塗りにしたものである。薄塗りのサハシは、四〇歳以上の宿老になってやっと着用できるもので、若者が薄塗りを着けるのはよくないとされた。

『七十一番職人歌合』（一五〇〇年頃）には、烏帽子折が登場する（図33）。烏帽子折は男の職人で、自身も折烏帽子をかぶり、火鉢の前に座り、手にした折烏帽子に炭を当てて形を整えている。傍らには、立烏帽子が置いてある。彼の和歌は、

夜やふかき月のひかりもさひゑほしかしらのうへに影のなりぬる
（夜が更けて　月の光がさび烏帽子にさして　頭の上に影ができたよ）

いかにせむしなれぬ恋のやせやまひむくのみ色に身はなりにけり
（どうしよう　し慣れぬ恋で痩せる病いだ　椋の実色に　体がなってしまった）

というもので、評者の言葉として、

ゑほしのむくのミ色、よく思よせたるにや
（烏帽子の椋の実色と、よく比べているようですね）

と添えられている。

なお、椋の実とは、ニレ科の落葉高木である椋の木の実で、食べることもでき、色は紫がかった黒色である（図34）。

もらってうれしい都の烏帽子

烏帽子には、決まりとともに、ときどきの流行の形があった。『七十一番職人歌合』の烏帽子折は、次のようなセリフを口にしている。

図34　椋の実（撮影：浅野井律子）

烏帽子折

今どき流行りの御烏帽子は、ちょっと反って仕立てるのでございますよ。

〈原文〉

ゑほしおり

今時の御ゑほしハちと、そりて仕候、

そうした流行は、京都から発信された。京都に赴任した知り合いから、烏帽子が贈られてきた喜びをつづった、鎌倉時代の手紙が残っている。

無事に御上洛された由、お悦び申し上げます。烏帽子は、たしかに私どものところに到着いたしました。嬉しく思っております。

〈原文〉

無為御上洛、承悦候、烏帽子慥下著致候、悦入候、

(『鎌倉遺文』一八七六六、「某書状」年欠(永仁三年《(一二九五)》カ)『輯古帖御裳濯和歌集裏文書』)

もらってうれしい京土産である。

烏帽子のぜいたく禁止令　中世のメンズ・ファッションは過熱気味だったのだろうか。鎌倉幕府は、一二六一年(弘長元)、烏帽子の贅沢を禁じている。

烏帽子は二、三回以上塗ってはいけない。折烏帽子は、その限りではない。また、烏帽子を顎に

懸ける紐に、紫の糸を混ぜてはいけない。

〈原文〉

烏帽子両三度之外、これを塗るべからず。折烏帽子、沙汰の限りにあらず。又、烏帽子懸、紫糸を交じうべからず。

（『関東新制條々』鎌倉幕府追加法三六四）

鎌倉幕府は、漆塗りの回数を二、三回までと定めている。だが、先に見たように、実際に発掘された烏帽子を見ると、平塚市の坪ノ内遺跡で発掘された立烏帽子は、少なくとも四回は漆が塗られていたし（平塚市博物館ＨＰ）、岡山市の鹿田遺跡で発掘された折烏帽子は、下地も含めて五回以上塗り重ねられていた。オキテ破りの物的証拠は、あちこちで挙がっている。

烏帽子懸《えぼしかけ》の紐の色も問題にされている。もともと、烏帽子は小結《こゆい》という紐で本鳥にくくりつけるものだったが、武芸を専門とする武士が折烏帽子をかぶる場合は、顎に紐をかけることもあった（広川、一九九五）。紫の紐は、勅許がないと使えない禁色だった。

発掘された烏帽子が塗り重ねられているのは、メンテナンスで塗り直された可能性もある。

烏帽子のメンテナンス

経年劣化した烏帽子は、烏帽子折のところにメンテナンスに出す。現存最古の狂言の台本である天正狂言本（一五七八年）には、「烏帽子折」という曲がある。成立は室町時代末期で、すでに烏帽子がマストアイテムではなくなった頃である。

都に出てきた大名が、幕府に年始のあいさつに行くために、従者の藤六と下六に烏帽子の支度をさせる。烏帽子には塗が剝げた部分があったので、京の町の烏帽子折のところに修理に出した。それを下六に取りに行かせ、その間に、大名は藤六に本鳥を結わせながら待っている。最後は結局、烏帽子折の所に行った下六が、慣れない京の町で主人の屋敷がわからなくなるところで、終盤へ至る。烏帽子は、メンテナンスしながら、長く大切に使うものだった。

この「烏帽子折」の大名は、ふだんは茶筅曲げにしていて、烏帽子をかぶっていなかった。烏帽子を必須とする中世の身分体系が崩れてきた時代の物語である。そして、儀礼のときにだけ、烏帽子をかぶる習慣が残っていた。大名は、新年のあいさつのために烏帽子をかぶろうと、従者の藤六に本鳥を結わせている。

整髪料は美男葛

藤六は大名の頭に、美男石という、筒に入った整髪料を振りかける。美男石とは美男葛《ビナンカズラ》すなわちサネカヅラ（マツブサ科、図35）のことで、茎から取った粘りのある汁を整髪料とした。美男帽子ともいうそうで、いかにも中世のメンズによるネーミングだと思う。赤い実は五味子（南五味子）といい、漢方薬として中世から用いられてきた。ちなみに、韓国でよく五味子《オミジャ》茶として飲まれているの

図35　美男葛（撮影：浅野井律子）

は、朝鮮五味子（北五味子）といって、サネカヅラとは種類が違い、より薬効が高い。

余談だが、サネカヅラといえば、百人一首の藤原定方（三条右大臣）の歌が有名だ。

名にしをはゞ相坂山のさねかづら人に知られでくるよしもがな

この歌の解釈をめぐって、筆者はいささか思うところがある。この時代の人はサネカヅラと聞けば、すぐに男性化粧品・美男葛が思い浮かんだのではないかと思う。そうすると、どこの解説本にも書いてないここだけの話であるが、この歌には、美男が忍んで誘い出すのは目立って大変なんだよ、という意味が込められているような気がしてならないのだが……。

話を戻そう。本鳥が結い終わると、藤六は、今度は主の額に唾をつけて、「おだいづけ」というものを付ける。『日本国語大辞典』によれば「内裏様風の付眉」のことだそうである。本当に、戦国時代には烏帽子をかぶる際に眉も貼り付けたのだろうか？

中高年にはヒゲがある

烏帽子をかぶるときは、整髪料の美男葛で髪がはみ出さないようにきちんと整えるものだった。しかし、絵巻物の中にはしばしば、図36のように、色白で頬がふっくら丸く、唇が赤く、髪が烏帽子からバサバサとはみ出し、鬢の毛がブクブクと盛り上がった、ヒゲのない人が描かれている。身長もやや低いようだ。

こうした人物は、元服したての十代の若者だろう。烏帽子からはみ出した髪は、うまくまとめられない烏帽子初心者を表し、幼さ・若さの記号である。あるいは、やんちゃなイメージを表しているのかもしれない。

一方、図37のように、ヒゲを生やし、髪をきちんとなでつけて烏帽子に入れ、全体に整ってスキのない男たちがいる。彼らは、成熟した大人の男たちだろう。

一般に、江戸時代はヒゲ無しの時代、中世はヒゲ有りの時代、といわれている。しかし、絵巻物を見ると、すべての男がヒゲを生やしていたわけではないことがわかる。そして、ヒゲを生やした男は、烏帽子も髪も服もきちんと整えられていて立派なのである。

これについて保立道久は、男がヒゲをたくわえるのは四〇歳ぐらいからだろうと推測している。男は四〇歳ぐらいで「老」の境地に入って行くのであり、ヒゲはその威厳を示すものだというのである（保立、一九九九）。

実際、中世における四〇歳は、老いの入り口であり、長寿の祝いが始まる年でもあった。今なら定年を迎える六五歳ぐらいだろうか。しかし、当時は、四〇歳で老人

図36　若い男（『石山寺縁起』より）

図37　中高年の男（『法然上人絵伝』より）

の仲間入りするわりには定年はなかなかやって来ず、高齢を理由に退職が認められるのは七〇歳前後であった（服藤、二〇〇一）。現役の中高年なら、ファッションに気を配って身ぎれいにしなければ、若い同僚たちに示しがつかない。風格も、若々しさも、ともに表現したいところである。近現代なら、すべては自分のセンスと経済力に依るのだが、中世には、服装とはまず身分とジェンダーと年齢を示すものであり、有職故実というものがあった。

服装の規定は、四〇歳未満と四〇歳以後でいろいろなことが変わる。『有職故実図典』（鈴木、一九九五）によれば、例えば、天皇の黄櫨染《こうろぜん》の袍の裏地は、四〇歳までは二藍《ふたあい》（藍と紅花で染めた青みがかった紫）または蘇芳《すおう》（茶、紫がかった赤）、四〇歳以上は縹《はなだ》（青）である。天皇および臣下の直衣《のうし》の色も同様で、四〇歳までは、白の表地の裏に二藍または蘇芳（夏は蘇芳がなくて二藍のみ）であり、四〇歳を超えると縹になる。親王および公卿の元服以後の指貫《さしぬき》は紫で、四〇歳以降は縹となる。このほか、狩衣《かりぎぬ》の袖口に通した飾紐の種類も年齢によって異なり、一六歳から四〇歳までは薄平、四〇歳以上は圧細となる。

こうして見ると、縹という色が、四〇歳以上の高齢者を象徴する色だということがわかる。縹とは、藍で染めた、濃紺まではいかない青で、水色から青までのヴァリエーションがある。例えば、『法然上人絵伝』では、九条兼実と花山院兼雅がこの色の直衣を着用している。

このように、四〇歳は服装の変わり目であったので、この時からヒゲを生やし始めたという保立の推測はおそらく正しいだろう。

絵巻の中の、ヒゲを生やし、烏帽子も着衣もきちんと整えたスキのない男たちは、四〇歳以上のいまだ現役の世代で、中世の素敵なオヤジたちである。この姿が、中世のダンディズムの完成形なのであろう。中世の肖像画の多くは、ヒゲを生やしている。

中世の男社会が、年齢階梯の性格を色濃くもっていたことが、ファッションに表れているといえるだろう。

メンズ・ファッションは忖度《そんたく》する

平氏一門がわが世の春を謳歌した時代。かの有名な、平時忠の問題発言「平氏に非ずんば人に非ず」が、思わず出てしまう世の中だった。

平家の大納言時忠卿が言われることには、「平家一門でなければ、人ではない」。そんな世の中だったので、誰もがみな平家一門とつながりを結ぼうとした。烏帽子の曲げ方から始まって、衣紋の合わせ方に至るまで、何事も、六波羅様《よう》とばかり言う世だったので、一天四海の人々はみなこれにならった。

〈原文〉

平大納言時忠卿の宣ひけるは、「この一門にあらざらん者は、皆人非人たるべし」とぞ宣ひける。されば如何なる人も、この一門に結ぼれんとぞしける。烏帽子のためやうより始めて、衣紋のかき様に至るまで、何事も六波羅様とだにいひてしかば、一天四海の人皆これを学ぶ。

（『平家物語』禿童）

天下の人々が皆、平氏一門の着こなしや、烏帽子の曲げ方を真似したというのである。六波羅様とは、院政期に流行した強装束のスタイルを、平氏が取り入れてさらに流行らせたものである。

メンズ・ファッションは、時の権力に敏感だった。烏帽子の形の流行も、例外ではなかったのである。

女が男に変わるとき

『とりかへばや物語』の一方の主人公である尚侍《ないしのかみ》（身体は男性）は、物語の半ばで、自ら男に変身する。それは、きょうだいの右大将（身体は女性）が失踪し、茫然自失の父君を見て、

「男の体をもつ私が、ただぼんやりと見ているのは辛いわ。私が元の姿になって、この人を、力の及ぶ限り、お探し申し上げましょう。」

〈原文〉

男の身にてただかくて見奉るなむ、いといみじく侍る。我、もとの有様になりて、この人を、心の及ばむ限りたづね奉らむ

と、決意を固めたからである。母君はショックを受け、

「美しい女性になりきってしまった身で、どこをお探しになるのですか。」

と、ただ泣くばかり。それでも、尚侍は母を説得して、狩衣、指貫を用意させ、乳母子一人を連れて

几帳の陰に入り、長い髪を押し切って本鳥に結い、烏帽子をかぶり、狩衣、指貫を着した。その姿は、失踪した大将と瓜二つであった。

これ以後、物語はこの尚侍を「男君」と記す。

自らの意思で男になった彼に、迷いはなかった。親しい人々に別れを告げるいとまもなく、きょうだいを助けるため、乳母子三人と武士七、八人を連れて、月が煌煌と照らす夜更けに旅立っていった。あの、母屋から出ることすら嫌がっていたあえかな人が、男装して足取り軽く出ていく様子を見て、人々は仰天した。

彼は、これまで、自らの男の身体に違和感を覚えてきた。だが、自分よりもデキる兄弟を失い、父が倒れ、自分が家族を救わねばならないと思ったその時、初めて、男の身体をもつことが強みになったのである。こうして彼は、男として生きる人生を選び直したのであった。

彼が女から男に変わるシーンは、意思に満ちた颯爽としたものだった。清らかな月の光の下、きょうだいを救うため、元ヒロインは自分の足で歩きはじめた。

そのころ、もう一つのメタモルフォーゼが進行していた。尚侍の兄弟で、デキる男と自他ともに認め、栄光の道を歩んできた右大将が、強制的に女に変身させられて、これまで培ってきた人生をすべて否定され、憂いの底に沈んでいたのである。

第二章　女たちの重い黒髪

1　女の人生と黒髪

藤原道長が四人の娘を次々ときさきにしたことは、よく知られた話である。実は、この四姉妹は、みな途方もなく髪が長かった。まるで、ペローの昔話のラプンツェルのように。

黒髪のラプンツェル

彰子《しょうし》の髪は、衣の裾より少し長かった。威子《いし》の髪は、背丈よりも少し長かった。嬉子《きし》の髪は、背丈より二〇センチ以上長かった。妍子《けんし》の髪は、背丈より三〇センチ以上長く、牛車に乗ってもはみ出して、地面をずるずる引きずった（『大鏡』十一世紀後半〜十二世紀前半）。女の髪の長さは、高貴さと美しさを表すものであったから、道長の娘たちは、身体的にも、当時の女の最高位を極める条件を具えていたのである。

さらに、これより前の村上天皇の頃には、もっとすごい人がいた。藤原師尹《もろただ》の娘で宣耀殿《せんようでん》女御《のにょうご》と呼ばれた芳子《ほうし》は、牛車に乗ったとき、髪の端がまだ母屋の柱のところに留まっていたという。試しにその髪の毛を一本取って、紙の上に置いてみると、紙が真っ黒に埋まったという（『大鏡』）。

貴族の女たちは、そんな背丈に余る黒髪を、上げもせず、垂髪《すいはつ》のまま引きずって暮らしていた。当時の絵を見ると、女たちは背丈に余る黒髪の筋を美しくととのえ、流れる水のように分厚い衣の上に流しかけている。これこそが、中世の人々にとっての女性美そのものだった。

和歌にも多く黒髪が詠まれた。艶やかな黒髪は、かき撫でる愛撫の対象であり、移ろいゆく若さの表象であり、乱れた黒髪は、千々に乱れる心や、後朝《きぬぎぬ》のメランコリックな気分を表すものであった。扇を広げたようにふさふさとした髪は、童（男女）の元気なかわいらしさを表した。貴族たちは、黒髪フェティシズムだった。

だが、現代の感覚からすれば、はたして美しいといえるのかどうか、はなはだ疑問である。真ん中で分けた前髪は、ピンでとめることもないから、いつでも顔にかかり、一つ間違えば、円山応挙の幽霊画か、ホラー映画のヒロインのようになるだろう。おまけに邪魔だ。清少納言は、「にくきもの」として、「硯に髪の入りて磨《す》られたる」ことを挙げている（『枕草子』二六段）。

それにしても、髪とは、誰でもそんなに伸びるものなのだろうか。橋本澄子は、日本人女性の髪について、次のように述べている（橋本、一九九八、二七―八頁）。

現代の皮膚医学からすると、十人中約半数は縮毛の性質をもっているばかりでなく、毛髪の生長力にも個人差があって、十人中の二人はくるぶしあたりまで伸びても、後の五人は背まで、残る三人は腰の辺まで、といったように様々だといわれる。

やはり、背丈ほど伸びる人は、少数なのである。しかし――。

「みんな違って、みんないい」

「ナンバー・ワンより、オンリー・ワン」

そんな、誰にとってもハッピーな価値観は、中世には存在しなかったのだ。美しい髪とは、背丈に余るほど長く、黒く、真っ直ぐで、量のある髪のことと決まっており、美女とはそのような髪をもつ女のことだった。中世人たちはその人間性において、現代人よりはるかに強烈な個性をもっていたように思われるが、美女の第一条件は揺るがなかった。

そもそも、日本の女たちは、いつから垂髪にするようになったのだろうか。一般に、「神代の昔」から髪を垂らしていたようなイメージが流布しているが、それは事実ではない。縄文の土偶は、髪を垂らしていない。埴輪の女たちは、豊かな髪を頭頂で島田髷のように結んでいる。おそらく卑弥呼も、垂髪ではなかっただろう。律令制下の女官たちは、薬師寺吉祥天像のように髪を上げて首を出し、唐風の髷を結っていた。女たちがみんな髪を垂らした垂髪にするのは、平安京に都が移されて一〇〇年ほど経った頃である。

日本の歴史上、およそ九世紀後半から十六世紀まで、七〇〇年以上の長きにわたって、女たちは髪を結い上げなかった。それは、男たちが冠・烏帽子をかぶっていた時代とほぼ重なる。本書ではこの時期をおおまかに中世と呼んでいる。

近年の研究によって、中世の女性たちの社会的地位は決して低くなく、社会の随所で生き生きと活躍していたことがわかっている。例えば、藤原彰子は、父道長の髪の長い人形かと思えばさにあらず、紫式部に学問を学び、やがて国母として政治に重きをなし、父もたじろぐ「賢后」となった（服藤、二〇一九）。源平争乱期に生きた八条院（暲子内親王）は、天皇候補となるも果たせず、女院として最終的には全国二二〇箇所にも上ると見られる荘園の領主になると、財産管理も御所の掃除もそこそこに、侍・女房の勤務も服装コードもいいかげんに、勝手に蔵を開けて持っていく上皇たちの所業さえおおらかに気にせず、頼ってくるさまざまな勢力と結びながら、朝廷が源平争乱期の政局を乗り切る大いなる源泉となったのだった（五味、一九八四。野村、二〇〇六）。私は、この時代を描いたドラマに、このユニークなキャラクターが登場しないことを、いつも残念に思っている。

女性たちは、親から譲られた所領・財産を経営し、自分の意思で子どもたちに譲った。近代の一八九八年に施行された明治民法では、妻の財産は夫が管理すると定められていたが、一二三二年に北条泰時が制定した「御成敗式目」にはそのような規定はなかった。夫と妻は互いに扶助し合い、家長である夫が死ねば、家刀自《いえとじ》である妻は「後家」（家長の後の家を統括する者、という意味）として公式に家を代表し、夫の所領を子どもたちに分配した。鎌倉幕府の四人目の将軍が、頼朝の後家、北条政子であったことは、言うまでもない。

こんなにパワフルに活躍している女たちが、一体なぜ、重い髪を引きずり、顔をひたすら隠して生きていたのだろうか。清少納言も紫式部も、本当の名前すらわからないのはなぜだろう。この問題を少しずつ解きほぐしていけば、きっと、中世日本社会の独特な構造が見えてくるのではないだろうか。

それにしても、古今東西の文明社会において、女たちがみな髪を結わずに垂らしている社会は、そう多くはない。なぜ、中世日本社会は、垂らした長い黒髪に異常なほどこだわったのか。それは決して、「自然の美」を重んじたからでも、「国風化」の結果でもないし、この湿潤な列島の「気候風土に合う」からでもない。中世の女の垂髪は、男の烏帽子と対をなす標識であり、社会制度なのである。

本章では、女の黒髪を通して、中世の身分制とジェンダーのしくみを見ていきたい。

中世の女の髪型と「さがりば」

中世の上層身分の女の髪型は、『源氏物語絵巻』などに描かれているように、ストレートロングの髪を真ん中で分けて後ろに長く垂らすものだった（図38）。前髪は、後ろの髪とは分けて房にし、肩にかかるように長く垂らし、これを額髪《ひたいがみ》と言った。そして、顔の両脇の鬢《びん》の髪を、肩から胸ぐらいの長さに削いで垂らし、これを「さがりば」（下がり端）と称した（読みづらいので、以下、「さがりば」と表記する）。

中世を舞台にした大河ドラマや「かぐやひめ」などの絵本や漫画では、なぜか額や頬の脇にカットが入ったヘアスタイルを見かけるが、誤りである。実際には「さがりば」以外にカットを入れるところはない。このような誤解されたイメージは、さかのぼれば、黒澤明監督の映画「羅生門」（一九五〇年）や溝口健二監督「雨月物語」（一九五三年）等、さらに明治期の日本画にもあって、連綿と受け継がれて今に至っている。また、「さがりば」を棒のようにまとめて垂らしたイメージも見かけるが、絵巻物を見ると、「さがりば」はある程度の幅をとってカットしてあり、はらはらと肩・胸・背中にこぼれかかる、動きのあるものだったようだ。

小さな子どもの髪型に男女の違いはなく、「童髪《わらわがみ》」「尼削《あまそ》ぎ」といわれるオカッパ頭であった。やがて成長して少年少女になると、ともに髪を長く伸ばして、男童《おのわらわ》はポニーテールにし、女童《めのわらわ》は垂髪にした。こうなると、垂髪の女童は、成人した女と酷似して、見た目の違いはほとんどなくなる。男童でも、髪を垂らせば同じである。少年少女と成人した女は、とてもよく似ている。唯一の違いが「さがりば」の有無だった。

「さがりば」は、成人に際し、鬢の毛を削いで作るもので、成人した女の象徴である。ある程度の長さがあり、ふさふさと豊かで、肩にこぼれかかるのが美しいとされた。

ドラマなどの髪型がいいかげんなのは、中世社会における女の髪型の意味が知られていないからである。女の髪型も、男の烏帽子と同じく、単なる美の追求にとどまらない、ジェンダーと身分を表象する意味があったはずなのだ。

図38　垂髪（『枕草子絵巻』より）

成人式は裳着

男の成人式が元服なら、女の成人式は裳《も》着《ぎ》（着裳《ちゃくも》）である。

裳とは、プリーツの入った長いエプロンのようなもので、後ろから巻きつけて前で紐を結ぶ。いわば、後ろ半分だけのプリーツスカートのようなものだ（図39）。女の正装は、五衣《いつつぎぬ》の上に裳と、唐衣《からぎぬ》という短い上着を着用した姿である。

奈良時代には、女の成人式は髪上げだった。『万葉集』には、

橘の寺の長屋にわが率寝《ゐね》し童女放髪《うなゐはなり》は髪あげつらむか

（三八二二）

という歌がある。橘寺で共寝をした放ち髪の童女は、成人式を迎えて髪を上げただろうか、というのである。古代には、子どもの頃は髪を放っていて、大人になれば髪を上げて暮らしていたのだ。

平安時代に入ってからも、九世紀までは、女の成人式は

図39　裳（『佐竹本三十六歌仙絵巻』より）

髪を上げて笄《こうがい》を挿す儀式で、加笄《かけい》と呼ばれた。九世紀末に原型ができた『伊勢物語』には、童髪《わらわがみ》を比べながら育った幼馴染の二人が、片や初冠《ういこうぶり》して男となり、片や髪を上げて女になった話が見られる（「筒井筒」）。

裳着が始まったのは、十世紀である。これについては、服藤早苗の詳しい研究がある（服藤、二〇〇四）。女の成人式は、次第に着裳《ちゃくも》・裳着《もぎ》と呼ばれるようになっていった。儀礼の中心が、裳を着けることに移ったのである。十世紀の終わりには、加笄の語は完全に忘れ去られたが、髪の一部を上げることは続いた。さらに十一世紀になると、髪を上げない成人式すら見られるようになる（服藤、二〇〇四）。

室町時代の終わりになると、裳を着けることは廃れ、女の成人式は鬢《びん》の毛を削いで「さがりば」を作るだけの儀式になる。これを鬢曾木《びんそぎ》といった。

禎子内親王の裳着

ここで、実際の裳着の様子をのぞいてみよう。

一〇二三年（治安三）、禎子《ていし》内親王が一一歳で裳着をした。禎子内親王とは、藤原道長の外孫で、後に後三条天皇の生母として、陽明門院と称する人だ。

裳着の年齢は、男の元服と同じく、十代ということ以外は厳密に決まっていなかった。男と同じく、一四歳ぐらいが多かったが、禎子のように一一歳という早い人もいれば、二〇歳を過ぎた例もある。裳着の年齢は、結婚・入内をめぐる駆け引きに左右されることも多かった。

禎子の裳着の様子は、男の漢文記録である『小右記』（治安三年《（一〇二三）》四月一日条）と、女の歴史文学である『栄花物語』（十一世紀）巻十九「御裳ぎ」の両方に記録されている。

裳着の儀は、夜、禎子のおば太皇太后彰子の邸（上東門院）でおこなわれた。主役の禎子は、母の皇太后妍子とともに車に乗ってやって来た。関白頼通以下、公卿たちが集まって、西中門北廊で饗宴をおこなう。その席で、頼通は『小右記』の著者藤原実資《さねすけ》に、禎子を一位に叙すことにする、とささやいた。

一方、女たちは西の対に集まり、裳着を執りおこなう。彰子が用意した調度品は美麗の限りを尽くし、几帳は藤色のグラデーションの布に刺繍をほどこしたもの、屏風には行成の手で草仮名の和歌が書かれており、屏風の骨にまで螺鈿、蒔絵が施され、宝石が散りばめられていた。藤色はもちろん、藤原氏を寿ぐ色である。

火影に浮かんだ禎子の姿は、たいそう可憐で、髪のかかり具合がこの上なく美しかったが、本人はただ眠そうである。何しろ、禎子はまだ幼く、儀式は夜一〇時から始まり、最終的に公卿らが退出するのが午前一時なのだから無理もないが、成人にしてはいかにも幼く、無自覚である。男子が元服するとすぐに男たちの酒宴に参加し、官人として揉まれていくのとは、ずいぶん違っていた。

禎子の髪上げは、弁宰相の典侍《ないしのすけ》（一条天皇乳母、藤原豊子）がおこなった。髪上げをすると、これまたとても可愛らしかった。裳着の儀式でいちばん重要なのは、裳の腰紐を結ぶ役であるが、禎子の裳着では、太皇太后彰子がこの役に当たった。

服藤早苗は、裳の紐を結ぶ人は、最初は一族中で高い地位にある女性だったが、次第に父・祖父といった父系の家父長に代わっていくと指摘している。禎子の場合は前者だが、すでにこの時代、後者のケースが増えていた（服藤、二〇〇四）。この年頃の女の子が、お父さんに衣の紐をゴソゴソやられるのは嫌だったのではないかと思うのだが。

彰子が裳の腰紐を結んで、禎子の裳着は終わった。超豪華な調度類や衣装は、髪上の典侍から下級の職員たちにまで、贈り物として分け与えられた。『大鏡』（下）によれば、この時、妍子が着けた豪華な裳・唐衣をもらえなかった女房は、ショックのあまり七日後に死亡したという。

翌日、禎子は一位に叙せられて、一品宮といわれるようになる。禎子の乳母たち三人も、叙位に預かった。

裳着と元服の違い

裳着と元服を経て、女童と男童は大人になった。では、女と男の成人に違いはあるのだろうか。

成人年齢に男女の差はなかった。また、成人式を機に叙位・任官がおこなわれることも、男女ともにあった。場合によっては、成人前から叙位・任官されることも、男女ともにあった。また、男女ともに、成人後すぐに結婚する場合も、もっと後になる場合もあって、特に決まっていなかった。

違うのは、貴族の男は成人とともに、必ず叙位・任官がおこなわれて官人となるのに対し、女の場合、叙位・任官は、ごく稀だったことだ。つまり、元服によって、男はみな、天皇を頂点とする官職体系の中に位置づけられ、国家機構の成員になるのだが、そこにポストを得る女はごく一部であって、ほとんどの女は外部に置かれたままだったのだ。

元服と裳着とでは、社会における重要性が全く違っていたのである。男の元服では加冠・烏帽子親が、家族以外の地位と力のある男たちから選ばれ、擬制的親子関係を結び、これから社会で生きていくための人脈を形成するのに対し、女の裳着で裳の紐を結ぶ人は、親族の尊長たる女から父へと移り、家内部の儀礼という性格を強めていった。

さらに、男は元服と同時に実名《じつみょう》をつけられたが、女は、裳着と同時に実名をつけられることはなく、成人しても童名を使い続けた。

以上のように、男の元服は、公の世界への入り口であったのに対して、女の裳着はそうではなかったのである。例えば、『とりかへばや物語』では、同年齢の男女のきょうだいが同時期に元服・裳着をおこない、若君はすぐに官職について出仕するが、姫君の暮らしに変化は訪れなかったのである。

民衆の女の成人　庶民の女たちは、成人式をどのようにおこなったのだろうか。庶民も、男たちは烏帽子をかぶっているのだから、元服をしたわけである。それなら、女たちにも裳着があったはずだ。

これについては、保立道久の研究がある（保立、一九九九）。保立は、絵巻物に描かれた民衆の女たちが、小袖の上から、腰にエプロンのような布を巻いていることに注目し、これが、『源氏物語』に「汚げなる褶《しびら》を引き結んだ腰の様子」（「末摘花」）と描写されている褶であり、貴族の裳に相当する成人の印だろうと推測している。

確かに、絵巻物を見ると、褶は背後から着けて、前で紐を結ぶ、エプロンを逆さまに着けたスタイルで、貴族の裳と同じものである（図40）。保立のいうように、民衆の裳着は、褶を着けることだったのだろう。ただし、絵巻物を見ると、日常的に褶をつけていない人も見られるので、烏帽子のようなマストアイテムではなかったと思われる。

この時代の小袖は、今の着物よりも幅が広く、帯を締めず、ウェスト位置を紐で結ぶものだった。その上に腰から緩く褶《しびら》を巻きつけるので、全体的に布がたっぷり余っているような、楽な衣服になる。裾を気にせず生活でき、座るときも、立膝など膝をそろえない自由な座り方ができた。もちろん、正座などはしなかった。

図40　褶（『信貴山縁起』より）

それでは、髪型はどうだったのか。民衆の女たちも垂髪にしていたが、貴族ほど長くなく、いつも元結で束ねていた。絵巻物を見ると、図40のように頭の後ろでひっつめている人や、もう少しゆったりと背中の真ん中を元結で結んでいる人（図41）がいる。こうした結ぶ位置も身分の上下によった。身分が低ければ低いほど、髪は短く、ひっつめ方がきつくなる。身分が高ければ高いほど、髪は長く、結ぶ位置も下になる。

保立道久は、庶民の女たちは、成人して褶を着けるようになると、髪を元結で束ねるようになり、それらはセットで成人を表すのではないか、と推測している（保立、一九九九）。

図41　背中で髪を結ぶ（『法然上人絵伝』より）

既婚・未婚の区別はない

中世には、男女ともに成人すると服装・髪型は変化するが、結婚による変化はなかった。近世以降と大きく異なり、女の髪型・服装に、既婚者・未婚者の区別はなかったのである。今の私たちでさえ、結婚したら振袖は着ないとか、黒留袖は既婚者が着るものだとか、近世以来の慣習を、少なくとも知識としては知っているが（今どき守らなくていいと思うが）、中世人たちはそれすら持ち合わせていなかったのである。

このことは、中世の女たちが、結婚しても社会的立場に大きな変化がなかったことを意味している。結婚しても、夫の親と同居することはなく、生家と絶縁することもなく、自分の財産は自分のものであり、離婚再婚によって体面を損なうこともなく、姓も終生変わらない。こうした社会では、女の髪型・服装に、未婚・既婚の違いを作る必要はなかったわけである。

白髪の人が少ない理由

長い黒髪は、年を取ったらどうなるのだろうか。

『伊勢物語』には、高齢でありながら、若い色男に心奪われる九十九髪《つくも》（白髪）の老女が登場する。しかし、絵巻物を見ても、白髪三千丈の老女も、グレイヘアの素敵な中高年も、ほとんど見られない。

それもそのはずで、摂関期以降、多くの女は四〇歳前後で、家にいながら出家して尼になったのである（勝浦、一九九五）。髪を尼削ぎにした上で頭巾をかぶったので、白髪は見えないわけである。

平安末には、夫の死後に妻が出家して後家尼となる慣習が始まり、中世を通じて続けられた。

女の出家は、二段階でおこなわれた。最初は図42のように尼削ぎにする。尼削ぎは童髪《わらわかみ》と同じである。この『源氏物語絵巻』の図では、前髪もカットしている。尼削ぎの段階は、男にはないものである。その後、修行を重ねて本気で尼

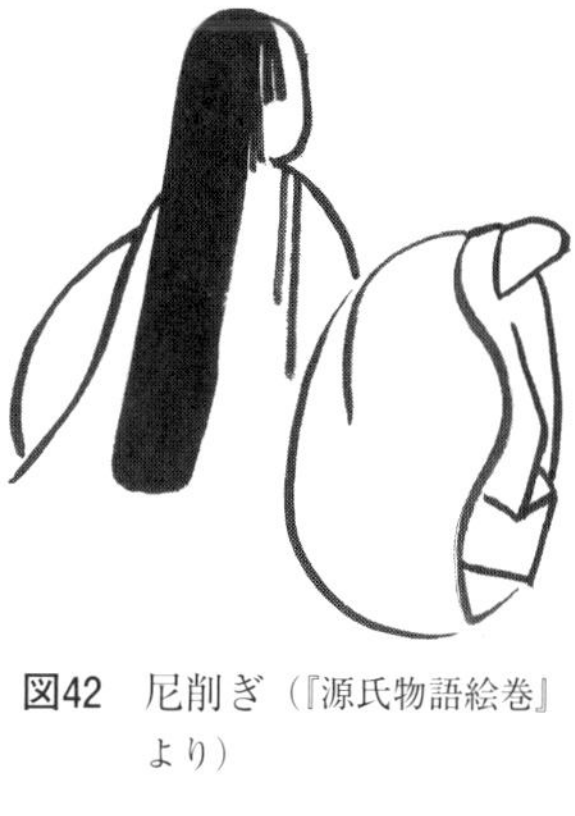

図42　尼削ぎ（『源氏物語絵巻』より）

図43　高齢の巫女（『東北院歌合』より）

になると、完全剃髪して坊主頭になった。そうなると男の僧と同じだが、尼は頭巾をかぶることが多かった。

ごく稀に、絵巻物の中に、頭頂部の分け目辺りに白髪がのぞく俗体の女が描かれていることがある。その多くは、高齢の巫女である。例えば、図43は、『東北院歌合』（十四世紀前半）で、かの全裸のバクチ打ち（本書図7）とペアになっている巫女である。

今でも、染めた髪の生え際から白髪がのぞいて見えることはありがちだ。白髪をのぞかせた女の図像の多くが巫女なのは、巫女が出家をしないからだろう。その他の多くの女たちは、髪が白くなるころには出家したのである。

出家の思わぬ効果、若見え

出家の思わぬ波及効果、それは、若見えである。現在と同様、中世の人々も、男も女も若く見られることを好んだ。

『栄花物語』（十一世紀）には、後三条天皇が死去し、娘の一品宮聡子、女御の基子、姉の前斎院良子がそろって尼になったときの記事がある。

若くすばらしい御髪をお削がせになって、どんなにすばらしくいらっしゃるでしょう。（出家して）姿を変えたならば、四〇、五〇の人でさえ、若く見えるのですから、まして若い方はどんなにすばらしくいらっしゃるでしょうか。

〈原文〉

若くめでたき御髪《みぐし》どもを削がせたまひて、いかにめでたくおはしますらん。かたち変へつれば、四五十の人だに若くこそ見ゆれ、ましていかにおはしましけん。

（『栄花物語』巻三八「松のしづえ」）

長くて重い髪を、カットして短くすれば若く見えるという感覚は、今でも理解できよう。『栄花物語』には、髪に関する記述がきわめて多い。そして、時折、このような女たちの本音がのぞく。三田村雅子は、『源氏物語』の浮舟が出家をしたときの様子について、次のように述べている（三田村、一九九六）。

短く切られた髪が童髪のように、たっぷりと厚い切り口を見せて扇のごとく広がっているさま、ほんのりと赤味を帯びた肌の色の血色の良さは、髪を下ろした浮舟のきらめくような若さと生命力を伝えている。（中略）浮舟の場合も尼というかたちで断念された生の可能性が、髪の分厚い切り口に匂い立っているのである。断念されたがゆえに、なお一層鮮やかに生の充実がそこにあらわされているという逆説は、浮舟にとって長くひきずる髪がどれほど負担なものであり、重荷なものであったかを雄弁に語るものであろう。

一般に物語の中では、女が髪を下ろし、世俗の女であることを止めたとき、本人も周囲もみな泣くものだった。だが、その一方で重い髪から解放されて、若く見えるという特典があった。浮舟もやはり、髪を切って若返ったのである。

女の名前

女の名前はどのようなものだったのだろうか。角田文衛『日本の女性名』は、その先駆的な研究の書である（角田、二〇〇六）。

子どものときは、男女ともに童名《わらわな》で呼ばれた。男は元服すると実名をつけられるが、女は裳着をしても実名はつけられず、成人後も童名で呼ばれた。男女の成人の最も大きな違いは、実名をつけるかつけないか、ということだろう。

鎌倉時代の古文書を見ると、大人の女の名前として、袈裟《けさ》、如意《にょい》、観音、勢至、虎鶴《とらつる》、虎熊《とらくま》、熊寿《くまじゅ》、毘沙松《ひさまつ》、松若、駒王、乙王、乙若、土用、阿古《あこ》などが並んでいる。すべて、童名そのままである。ちなみに、これに「丸」をつけるとそのまま男童の名前になる。女童の場合は敬称として「御前《ごぜん》」を付ける場合もある。「御前」は、大人の女にも用いられた。稀に男童につけることもあった。

女も、ごく稀に実名を持つ場合があった。それは、宮中に出仕する場合や、官位を得た場合である（飯沼、一九八七）。女の実名は、漢字一字に「子」をつけたもので、その漢字は、おめでたい文字か、父の名の一字であった。

例えば、北条政子の場合、政子という名は従三位に叙せられたときに、父時政の一字を取ってつけられたものである。北条家の姓は平氏なので、実名は平政子である。だが、彼女が政子の名を得たときには、すでに出家して如実妙観《にょじつみょうかん》と名乗る禅尼になっていたので、実際に政子と呼ばれることは一度もなかったはずだ。

政子の童名は不明だが、南北朝期に成立した『真名本曽我物語』は万寿、同じく南北朝期の『仮名本曽我物語』は朝日としている（高橋、二〇〇四）。朝日という名はこの時代に聞いたことがなく、万寿だと息子の頼家と同名となってしまうので、ありえないわけではないが、可能性は低いと思われる。北条家の嫡女（長女）なので、大姫という呼称はあったと思われる。伊豆にいた若いころは、世間からは北条の大姫と呼ばれていたのではないだろうか。

童名は、公式な名乗りとすることはできないものであった。それでは、実名のない女たちは、どのように名乗っていたのだろうか。中世の女たちは、自分の所領財産を持ち、売買・譲与・相続をおこない、文書を発給して自ら花押や略押（文字が書けない人が花押の代わりに〇などの形を書いてサインとしたもの）を書いていた。そのような場合に、女たちはどのように書名したのだろうか。

まず、姓に氏《うじ》か氏女《うじのにょ》をつけて名乗りとするやり方がある。例えば、橘氏《たちばなのうじ》、藤原氏《ふじわらのうじ》、あるいは橘氏女《たちばなのうじのにょ》、藤原氏女《ふじわらのうじのにょ》といったものである。

次に、男の太郎・次郎・三郎のように、姉妹の順を示す排行名がある。平安鎌倉時代には、女子にも所領財産の相続権があったので、このようなナンバリングがなされた。女の排行名は、姓に続けて、大子《おおいこ》（太子）・中子《なかのこ》・三子《さんのこ》、または姉子《あねのこ》・中子・三子と記した。

例えば、『梁塵秘抄』には次のような歌がある。

隣の大子《おおいご》がまつる神　頭の縮《しじ》け髪　ます髪　額《ひたい》髪　指の先なる拙《てづつ》神　足の裏なる歩き神

（四〇一）
髪と神を掛け、隣の長女（嫡女）が祀る神は「頭の縮れ髪、つけ毛をつけた前髪、指先の不器用神、足の裏の歩き神」だと言って、隣の嫡女の不出来をからかう内容になっている。

平安時代の終わりごろ、賀茂姉子《かものあねのこ》という人物が、親の所領をめぐり、女三人男一人の四人きょうだいを代表して訴訟を起こした。姉子は次のように言う。

父尊覚の子息は、女子三人、男子一人です。中でも姉子は最愛の長女です。日頃から給仕に当たり、親孝行を怠らず、死後も葬送を営み、報恩いたしましたこと、寺中がみな知っている明らかなことです。

〈原文〉

尊覚子息女子三人男子一人也、（中略）就中姉子者最愛之長女也。存日給仕孝敬不懈、況没後葬送報恩之営、一寺見知無隠者乎。

（元暦元年（一一八四）十月日「賀茂姉子解《げ》」『東大寺文書』四―三九、『平安遺文』四二一四）

弟妹を率いる嫡女のプライドと責任が読み取れる。自分で、父の「最愛の長女」と述べているのも面白い。

姫と呼ばれる身分なら、例えば、北条政子と源頼朝の娘は、大姫・乙姫（童名は三幡。おそらく男女含めてきょうだいの三番目だから）であり、宇治十帖のヒロインは大君《おおいぎみ》・中君《なかのきみ》である。「大」

「乙」が付く名は、他にも、大御前・乙女・乙子・乙御前などいろいろある（野村、二〇一七）。

　一方、農村では、女たちも公田を耕作し、年貢公事を負担していた。しかし、十世紀以降、中世の土地台帳に、女の名前は見られない。耕作して年貢を出しているのに、台帳に名がないというのは、一体どういうわけだろうか。そのカラクリは、服藤早苗によって解明されている。台帳に、男はみな実名で登録されたが、女は「山口得丸」「金恒」「稲吉」「久富」のような、仮名《けみょう》で登録されていたのである（服藤、一九九一）。

名乗りを挙げた女

　鎌倉時代の説話集『沙石集』には、女が人前で威勢よく名乗りを挙げた話がある。

　話が上手いと評判の聖覚《しょうがく》が説法をしているとき、詰めかけた大勢の聴衆の中に、一人の若い女房がいて、うつらうつらと居眠りをしていたが、突然、堂の中いっぱいに響き渡るような大きな屁をこいた。臭いもなかなかのもので、人々の間にしらけた空気が漂った。その様子を見て、聖覚は言った。

「笛や琴は、妙なる音を発しますが、香りはありません。お香は良い香りがいたしますが、音はしません。ただいまのお屁は、音もあり、匂いもいたします。さあさあ、皆さん、聞きましょう、嗅ぎましょう。」

　あまりの褒められように気を良くした女房は、かぶっていた衣をさっと引きのけ、顔をあらわにして言った。

「名は橘氏《たちばなのうじ》だと、おっしゃってくださいな！」

褒めにくいことを褒めたのは、まことに優れた弁舌である。褒められた女房が橘氏と名乗ったのも、香り高い柑橘系だけに話の辻褄が合う。それにしても、まあ、ずいぶんと頼りないお供物ですなあ。

（「梵舜本」巻六―八）

褒められて気を良くした女房は、公衆の面前で、かぶっていた衣を引きのけて顔を露わにし、名乗りを挙げた。ただし、姓をだけを名乗り、ファーストネームは言っていない。

中世の女たちが個人名を言わない理由について、従来、次のように説明されてきた。すなわち、古代社会で女の名前を聞くことはプロポーズすることであり、名乗ることは承諾のしるしだったから、女はめったに名を言わず、その慣習が中世にも残っている、というのだ。

だが、この見解は誤りである。なぜなら、むしろ古代の方が、男と同様、公的な文書に女の名をいくらも見ることができるからである。戸籍・計帳には女の名前がいくらでも見られるし、女官たちの名も、県犬養《あがたいぬかい》橘《たちばなの》三千代《みちよ》、和気広虫《わけのひろむし》、百済王明信《くだらのこにきしみょうしん》のように実名が伝わっている。古代には、女たちは公式に自分の名を名乗っていたのである。

中世の女が実名を名乗らないのは、古代の遺制ではなく、中世社会独自のジェンダーの問題として理解すべきことである。

2　髪の長さは身分を表す

貴族の女たちは、髪の長さに強く固執した。それもそのはず、女の髪の長さは、身分を示す標識だったからだ。

髪の長さは身分を表す

例えば、鎌倉時代後期の絵巻物『男衾《おぶすま》三郎絵巻』では、ヒロインの姫君が、身分の下降とともに、髪を短く切られていく（保立、一九九九）。

物語は、次のようなものである。武蔵国に武士の兄弟があった。兄の吉見二郎は、雅《みやび》を好み、都の女房と結婚して貴族風に暮らしていた。弟の男衾三郎は、地元の醜女（その顔については後述）と結婚し、武勇に生きていた。

あるとき、吉見二郎は山賊に襲われ命を落とし、遺された京都出身の妻と、「慈悲」という名の美しい姫は、男衾三郎に引き取られる。三郎は、兄の屋敷と所領を押領し、二人を門外の粗末な小屋に押し込め、一人の侍女すらつけてやらなかった。しかし、美しい慈悲には求婚者が現れる。三郎の妻は、慈悲の求婚者をだまして、自分に似た醜い娘の婿にしようと画策。夫と図って、慈悲の髪を背中の中ほどで切り、小袖一つを着せ、名を「からかみ」と改め、半物《はしたもの》としてこき使う。それでも彼女は美しく、なおも求婚者があったので、今度は粗末な麻衣を着せ、髪を元結際《もとゆいぎわ》より切り捨ててオカッパの童髪《わらわがみ》（尼削ぎ）とし、名を「ねのひ」と改めて水汲みに従事させた。

この絵巻物は失われた部分が多く、物語はここで途切れてしまう。断簡として、童髪の姫が、母とともに井戸端で水を汲む絵が残っている（図44）。

この話は、中世の女の身分と髪型の関係を明確に示している。まとめると表1のようになる。中世の女の身分が、髪の長さで表象されていたことがわかる。身分が高いほど髪が長く、下の身分ほど髪が短い。

身の丈に余る黒髪を結びもせず長く垂らしているのは貴族。貴族でない女たちは、背中辺りまでの髪を元結で一つに束ねて垂らしていた。童髪、尼削ぎとなれば、最も身分の低い下女である。清少納言は「短くてありぬべきもの」の段に、「下衆女《げすおんな》の髪」を挙げている（『枕草子』二一八）。身分の低い女は短い髪でいるべきだ、というのである。

そして、髪の長さは、美醜の基準でもあった。長い髪は美しく、短い髪は醜いのである。男衾三郎の妻は、美しい慈悲の髪を切ることで、身分を落とすとともに、醜く変えようとしたのである。

なお、ヒロインの名前の意味については、保立道久の考察があるが（保立、一九九九）、私見は未考である。

清少納言は、「見ぐるしきもの」の段で、

色黒で憎らしげな女のかづらを着けている者と、髭が濃く、やつれて痩せた男が、夏に昼寝しているようすこそ、非常に見苦しいものだ。

〈原文〉

色黒う、にくげなる女のかづらしたると、髭《ひげ》がちにかじけやせやせなる男、夏、昼寝したるこそ、いと見ぐるしけれ。（第一〇五段）

といっている。色が黒いことと、痩せていることは、下層身分の者の卑賤さを表す身体描写の定型で

図44　水を汲む童髪の下女（『男衾三郎絵巻』より）

表1　男衾三郎絵巻に見る中世の女性の身分と髪型

名前	身分	髪の長さ	服装
慈悲	姫君（上層身分）	身の丈に余る	小袿・袴
からかみ	半物	背中の中ほど	小袖一つ
ねのひ	下女（水汲み）	童髪（尼削ぎ）	粗末な麻衣

ある。また、「にくげ」という言い方は、上層身分の者が下層身分の者に対して抱く感情の表現として、しばしば見られるものだ。清少納言は、短い髪であるべき下層の女がかづらを着けていることが、気に入らなかったらしい。暑い季節に、偶然、目に入った開放的な庶民の家の中だろうか。どう考えても、余計なお世話だと思うのだが。

刑罰としての髪切り

女の髪切りは、その名誉を損なう刑罰や私的制裁としても使われた。

鎌倉時代の紀伊国阿氏河荘の百姓たちは、地頭の非法を領主に次のように訴えた。地頭が百姓らに麦まきを強要し、まかぬなら、次のようになるぞ、と脅すのだと言う。

女たちを追い込め、耳を切り、鼻を削ぎ、髪を切って尼削ぎにして、縄で縛って責め苛むぞ

〈原文〉

メコドモヲオイコメ、ミヽヲキリ、ハナヲソギ、カミヲキリテ、アマニナシテ、ナワホダシヲウチテ、サエナマン

（建治元年《（一二七五）》十月二十八日「紀伊阿弖河荘上村百姓等言上状」『高野山文書又続宝簡集』『鎌倉遺文』一一〇七六）

女の髪を切ることは、耳鼻削ぎと同様な体刑だったのだ（黒田弘子、一九九五。清水、二〇一九）。勝浦令子は、女の髪切りが、密通など性に関わる事件への制裁としておこなわれたことを指摘している。また、夫との縁を切るために、自ら髪を断ち切る女たちもあった（勝浦、一九九五）。髪を切ると女ではなくなるので、婚姻を続けることができなくなるのだろう。

女の髪切りは、男の烏帽子を落とすことや、本鳥を切ることと同様に、一人前の女としての身分を失う、はなはだ不名誉なことだったのだ。

正式には髪を上げた

平安時代に、女の髪上げは廃れた。しかし、十世紀後半の『宇津保物語』には、次のような言葉がある。

女は髪を上げて唐衣《からぎぬ》を着なければ御前に出ることはできない。男は冠をかぶり、袍《うえのきぬ》を着なければ御前に出ることはできない。

〈原文〉

女は髪上げて唐衣着では御前に出でず、男は冠《こうぶり》し上《うえ》の衣《きぬ》着では御前に出でず

これは、物語の中で長者の神南備種松《かみなびのたねまつ》が、娘の産んだ御落胤の皇子を大切にかしずいて育てる際に、自分の屋敷を内裏に見立てて施行したルールであるが（「吹上」上）、実際に参内するときのルールを模したものである。

女たちが参内して公に出仕するときは、裳・唐衣を着て、髪を上げるべきだったのだ。

奈良時代の女官は、薬師寺吉祥天像のように髪を上げて仕事をしていた。平安王朝時代になり、女たちは誰もが垂髪にするようになったけれども、実は、公に参内するときの正装は、髪を上げた姿だったのだ。

このことから、女たちの垂髪姿は「公」ではなく「私」の姿であり、「ハレ（晴）」ではなく「ケ

（褻）」の姿だったことがわかる。

九世紀後半から十世紀に、女たちが垂髪になり、成人式も髪上げが主でなくなっていったのは、このころ新たに形成された中世社会の枠組みが、女たちを、正装することのほとんどない、「公」から排除されたジェンダーとして設定したからである。

一方、男たちは、参内が終わって家に帰っても、冠の代わりに烏帽子をかぶって暮らした。烏帽子をかぶった男は、冠で正装していなくても、みな常に「公」人だったのである。

女房たちの髪上げ姿

宮中に仕える女房たちは、仕える皇族に御膳を運ぶときや、宮中の儀式や行事に参加するとき、髪を上げて正装することがあった。彼女たちの髪上げ姿は、どのようなスタイルだったのだろうか。

『紫式部日記』には、彰子が皇子（敦成親王、のちの後一条天皇）を出産した五夜の儀に、美貌の女房たちが選ばれ、元結で髪を上げて、御膳を奉仕したことが記されている。

御膳を差し上げるため、女房八人が、同じ色の装束を着て、髪を上げ、白い元結を着けて、白い御盤を持って続いて参入します。今宵の賠膳役は宮の内侍で、とてもおごそかで美しい容姿に、元結に映える髪の「さがりば」が、いつも以上に好ましく、扇から外れて見える横顔も、たいへん美しかったのですよ。

髪を上げた女房は、源式部《げんしきぶ》（加賀守重文の娘）、小左衛門《こざえもん》（故備中守道時の娘）、小兵衛《こひょうえ》（左京大夫明理の娘）、伊勢大輔《いせのたいふ》（伊勢の祭主頼親の娘）、大馬（左衛門大輔頼信の娘）、小馬（左衛門佐道順の娘）、小兵部《こひょうぶ》（蔵人なりちかの娘）、小木工《こむく》（木工允のぶしげという人の娘である）で、容姿の美しい若い者ばかりが向き合って居並ぶ様子は、とても見応えがありました。いつだって、中宮様に御膳を差し上げるときには、髪を上げているのに、しかも、このようなハレの折にふさわしい美貌の人たちをお選びになったのに、嫌だ、ひどい、と言って嘆き泣いたりするのは、縁起が悪いほどに思いました。（傍線引用者）

〈原文〉

御前まゐるとて、女房八人、ひとつ色にさうぞきて、髪上げ、白き元結して、白き御盤もてつづきまゐる。今宵の御まかなひは宮の内侍、いとものものしく、あざやかなる様態に、元結ばえしたる髪のさがりば、つねよりもあらまほしきさまして、扇にはづれたるかたはらめなど、いときよげにはべりしかな。

髪上げたる女房は、源式部加賀の守重文がむすめ、小左衛門故備中守道時がむすめ、小兵衛左京の大夫明理がむすめ、大輔伊勢の祭主輔親がむすめ、大馬左衛門の大輔頼信がむすめ、小馬左衛門の佐道順がむすめ、小兵衛蔵人なかちかがむすめ、小木工《こもく》木工の允平のぶよしといひけん人のむすめなり、かたちなどをかしき若人のかぎりにて、さしむかひつつゐわたりたりしは、いと見るかひこそはべりしか。例は、御前まゐるとて、髪上ぐることをぞするを、かかる折とて、さりぬべき人々をえらみたまへりしを、心憂し、いみじと、うれへ泣きなど、ゆゆしきまでぞ見はべりし。（『紫式部日記』）

女房たちが髪上げを嫌がっているのは、髪を上げると顔が丸出しになるからである。そのため、あらかじめ、顔をさらしても大丈夫なように、容姿端麗な若い女房たちが選ばれていた。

傍線部からは、髪を上げたときの美のポイントがわかる。いつもと違って、白い元結で髪を縛るので、元結に「さがりば」が映えて美しいというのである。「さがりば」が映える髪上げとは、いったいどのような髪型なのだろうか。

幸い、鎌倉時代前期に作られた絵巻物『紫式部日記絵巻』には、この場面の絵が存在し、髪を上げた女房たちが描かれている。これを見ると、髪上げといっても、ほとんどの髪は垂らしたまま背中で緩く束ね、ごく一部の髪を頭頂部に上げて、小さな角のような突起をつくっただけの姿である。中世の人々がいう「髪を上げる」とは、ほんの印だけのものだったのだ。女房たちが大げさに嫌がっているのがウソのようである。

また、少し後の五十日《いか》の儀の場面もある（図45）。絵があまり鮮明ではなく、わかりづらいが、ここには同じ画面に二種類の髪上げスタイルが描かれているように見える。この二種類の描き方が、はたして違う髪型なのか、それとも後ろ姿と斜め横向きの見え方の違いであるのか、よくわからない。後ろ姿で、御前に座って陪膳を務める女房（右）は、顔の近くの髪を上げて頭頂にお団子を作り、背中の髪を垂らし、髪を上げた下には、広範囲に「さがりば」が見えている。この後ろ姿の絵からは、

「さがりば」が首を隠すのに役立っていることがわかる。これが、「とてもおごそかで美しい容姿に、元結に映える髪の「さがりば」が、いつも以上に好ましく、扇から外れて見える横顔も、たいへん美しかった」と描写された姿なのである。

一方、左手には、お膳を運んできた女房たちが並ぶ。こちらの描き方は、前の五夜の絵と同じであり、ひともとの髪を上げて頭頂に突起をつくり、残りの髪はすべて元結で束ねて垂らしている。その束ね方は、わざと髪を弛ませ、もっそり顔にかかるようにしている。現代的な感覚ではどうにも清潔感に欠けるが、できるだけ顔が隠れるように、涙ぐましい努力をしているようだ。こちらの絵では、「さがりば」は見えていない。

清少納言は、「ないがしろなるもの」（てきとうな、無造作なもの）として、「女官《にょうかん》どもの髪上げ姿」を挙げている（『枕草子』二三九段）。女官たちの髪上げはろくに

図45　五十日の儀に髪を上げた女房たち（『紫式部日記絵巻』部分　五島美術館蔵　名鏡勝朗撮影）

髪を上げない、いい加減なものだった。

それにしても、上げたのはどの部分の髪なのだろうか。清少納言は、中宮定子の髪上げ姿を次のように描写している。

御額髪《ひたいがみ》をお上げになる御釵子《さいし》（かんざし）のために、分け目の御髪《ぐし》が、少し片寄ってはっきりと見えていらっしゃることまでもが、申し上げようもなくすばらしいのです。

〈原文〉

御額上げさせたまへりける御釵子に、わけめの御髪《ぐし》の、いささか寄りてしるく見えさせたまふさへぞ、聞えむ方なき。（『枕草子』二六〇段）

この文章から、上げたのは額髪（前髪）だったことがわかる。定子は華やかな場がよく似合った。髪を上げることもうれしそうである。

髪上げと尼削ぎは似ている？　髪上げスタイルは、「さがりば」がいつも以上に美しく見えるものであった。『栄花物語』には、藤原彰子が女房たちとともに出家した場面に、次のようにある。

とても可愛らしく、尼削ぎにした子どもたちのようでいらっしゃいます。髪上げをなされていたご様子のようにも、よろずお見えになられます。

〈原文〉

いみじううつくしげに、尼削ぎたる児《ちご》どものやうにぞおはします。御髪《みぐし》上げさせたまひたりし御有様にもよろづ見えさせたまふ。

（『栄花物語』巻二七「ころものたま」）

尼削ぎにした彰子と女房たちは、髪上げをしたときのように見えた、というのである。尼削ぎと髪上げの、どこがどのように似ているのか、詳しいことはわからないが、顔がはっきり出ることと、尼削ぎの削いだ髪の長さと、髪上げしたときに見える「さがりば」の長さが同じ位で、ふさふさとしているということではないか。

そもそも「さがりば」とは、いったい何のために削いだものだろうか。「さがりば」の価値は、女が髪上げをしたとき、さらに発揮される。髪上げしたとき、「つねよりもあらまほしきさま」に見えるのだ。

女が成人に際して作るものならば、それは、髪上げ姿に必要だから作られたのではないだろうか。貴族の女たちは家に籠っていることが多かったけれども、貴族である以上、いつか公務に就くかもしれない。きざきとして入内するかもしれない。そうした潜在的な可能性のため、いつか髪上げする日のために、女たちはふだんから「さがりば」を作り、大切にしていたのではないだろうか。そして、それが上層身分の標識にもなったのではないか。

女か童か

三田村雅子は、女の髪について、「髪上げをしなくなった女子は、以後社会人たる標識をもつことなく、自然状態のままの髪を「童髪」のように伸ばし続けることになるのである」と述べ、烏帽子を着け、社会的な統制に基づいて行動する男（成人男性）とは異なる存在であることを指摘した（三田村、一九九六）。中世社会では、烏帽子をかぶった男と、それ以外（女と童）とは、まず区別されるものだった。

それでは、女と童は同じなのだろうか。答は否《ノン》である。女には、童と違って「さがりば」がある。そして、ごく少数だが、髪上げして公に出仕する人がいる。

室町時代の物語『ちごいま』（十五世紀頃）では、稚児が女装して、女房「今参り」として出仕する。彼は、稚児姿のときは頭上で髪を結んでいたが、美しく豊かな黒髪を解いて垂髪にすれば、結び目の跡すら残らず、女と変わらなかった。ただし、裳着をして成人したわけではないから、「さがりば」はなかった。それを見た同僚の女房は、次のように言う。

（中納言殿）どうして、今参りさんは鬢の毛をお削ぎになっていないのかしら。あんなに素晴らしい御髪《みぐし》なのに不思議だわ。

（坊門殿）本当ね。私たちの髪でさえ鬢は削いでいるというのに、あの御髪は長くてもったいないから削がないのかしら。

〈原文〉

（中納言殿）などや御《おん》今参りの御鬢は削がせおはしまさぬ。あの御髪に不思議やなふ。

（坊門殿）げに。我らが髪だにも削ぎたるに。あの御髪は長しとて削がぬぞや。（『ちごいま』）

稚児が女装したとき、「さがりば」がないことだけが疑念を生んだのである。「さがりば」の有無こそが、稚児すなわち童と女とを分かつ記号になった。ただし、物語の中のこととはいえ、彼は「さがりば」がないまま女房として出仕しているので、それが男の冠・烏帽子ほどのマストアイテムではなかったことがわかる。

この稚児という存在は、史料には「兒」と書かれており、寺院で働く多くの男童の一種で、華やかに着飾って僧の身辺に侍し、性的愛玩の対象とされた（土谷、二〇〇一）。かつて、黒田日出男は、絵巻物に描かれた女と稚児の類似性を指摘し、『絵巻物による日本常民生活絵引』で「女」と判断された図像の多くが、実は稚児であることを指摘し、「女」か「稚児」か、と問いかけた（黒田日出男、一九八六b）。また、田中貴子は、稚児と女の髪型の類似性から、両者はきわめて近い、互換的な存在だと述べた（田中、一九九七）。

しかし、稚児ならずとも、髪を結ばず垂らしたときに、童の髪に男女の違いはなく、大人の女とよく似ていた。稚児だけが特別な存在なのではなく、男女ともに童は女と似ていたのである。

それゆえ私は、「女か稚児か」ではなく、「女か童か」と、問題を設定しなおすべきだと考える。

「女か童か」――違うのは、「さがりば」である。

「さがりば」へのこだわり　貴族の女たちは、「さがりば」に強いこだわりをもっていた。美女の条件は長くまっすぐな黒髪だが、「さがりば」もまた、重要なポイントだった。

清少納言は、「うらやましげなるもの」の中に、「髪いと長くうるはしく、さがりばなどめでたき人」を挙げている（『枕草子』一五二段）。

また、紫式部は『源氏物語』の中で、源氏が軒端荻《のきばのおぎ》の姿をのぞいたところに、

髪は、とてもふさふさしていて、そんなに長くはないけれど、「さがりば」が肩にかかるぐらいでとても美しく、全体にねじくれたところはなく、きれいな人に見えた。

〈原文〉

髪はいとふさやかにて、長くはあらねど、下がり端、肩のほどきよげに、すべていとねぢけたる所なくおかしげなる人とみえたり。（「空蝉」）

と書いている。「さがりば」の美しさが、髪全体の中でもポイントになっているのだ。「すべていとねぢけたる所なく」というのも、人間性について言及しているのではなく、髪についての話なのである。

「さがりば」への言及は、『枕草子』『源氏物語』『栄花物語』など、女が書いたものに多く見られる。「さがりば」への関心は、男たちより、女たちの方が高かったようである。

「さがりば」は、童でない一人前の大人の象徴だったのだから、女たちが大切にしたのは当然のことだろう。一方で、男たちが求める女性美とは、あまり関係なかったのかも知れない。

庶民の女に「さがりば」はあったか

ところで、庶民の女たちに「さがりば」はあったのだろうか。絵巻物を見ると、「さがりば」が描かれているのは貴族や領主など上層身分の女たちであり、

一般庶民にはほとんど見られない。髪を結び、腕まくりして働く女たちは、「さがりば」を作っていない人がほとんどだったのだ。

だが、絵巻物にはわずかながら、「さがりば」らしきものをもつ庶民の女が見られる。例えば、平安時代末期成立の『粉河寺縁起』（十二世紀後半）の狩人の妻には、わずかながら「さがりば」らしきものが認められ（図46）、長者の一行が粉河への道を尋ねた家の主の女にも「さがりば」があるようだ（図47）。やはり平安末期の『扇面古写経』（十二世紀後半）では、栗を拾う庶民の女の顔の脇に、短い「さがりば」らしきものがある（図48）。井戸で水を汲む女にも、もっと短く鬢を削いだ毛が見える（図49）。

庶民の女たちに「さがりば」が見られる絵巻物が、いずれも平安時代の作品であることから、平安時代には作っていた「さがりば」が、その後は省略されていった可能性もある。しかし、それ以上の

図46　狩人の妻の「さがりば」（『粉河寺縁起』より）

図47　家主の女の「さがりば」（『粉河寺縁起』より）

ことは、わからない。やはり、「さがりば」は、公務に就いて髪を上げる可能性のある貴族の女たちにとってこそ、大切なものだったのである。

図48　短い「さがりば」（『扇面古写経』より）

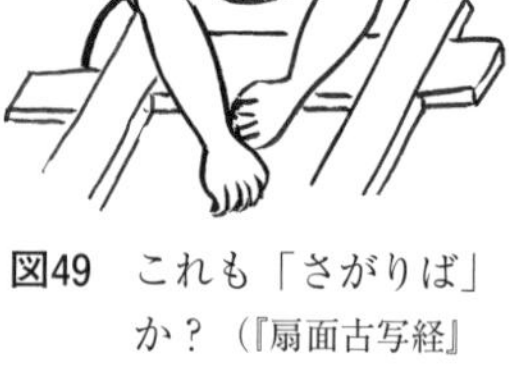

図49　これも「さがりば」か？（『扇面古写経』より）

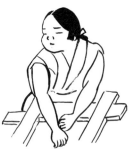

3　見えない女たち

鬼と女は人に見えぬぞよき

中世のしかるべき身分の女は、人に顔を見せるべきではないとされていた。外を歩くときには被衣《かづき》や市女笠で顔を隠し、家の中では几帳や御簾の中に籠っていた。人に顔を見せるのは、身分の低い女のすることだった。

『堤中納言物語』（平安後期～鎌倉中期）に登場する虫愛づる姫君は、虫好きを咎める親たちに、堂々と、毛虫を愛する意義を説く。御簾を巻き上げて熱弁をふるうのだが、あくまでも几帳の陰にいて、両親と顔を合わせて意見したわけではなかった。一般に家族とは顔を合わせるのが普通だったから、この姫は意外とガードが固い。

姫は、「鬼と女は人に見えぬぞよき」と考えていたのである。人一倍、活動的で、自分の頭でものを考え、自分の意志で行動する虫愛づる姫君ですら、信奉していたこの規範とは、いったい何だったのだろうか。なぜ、女と鬼神は人に見えない方がよかったのだろうか。

清少納言の初出勤

現代でも、いつもマスクをしていると、次第に外しにくい気分になってくる。いつも隠れて生活していた中世の貴族の女たちが、外へ働きに出るには高いハードルがあっただろう。宮中に女房として出仕したら、他人に顔を見せて働かなければならない。あの社交的な清少納言でさえ、初出勤のときは几帳の影に隠れており、興味を持った伊周《これちか》に扇を取られて、髪で顔を隠そうとするが、あいにく髪にも自信がないので、顔を袖で覆って突っ伏していた。「きっと、唐衣《からぎぬ》に白粉《おしろい》が付いて、顔はまだらになっていたはず」と、清少納言は述懐する（『枕草子』一七七「宮にはじめてまゐりたるころ」）。

それでも、女房となって働いていれば、すぐに顔を見せることなど平気になる。清少納言は、次のように言う。

宮中で働く女を、軽薄な悪いもののように言ったり思ったりする男などは、とても憎らしい。でも、まあ確かに、それも一理あるかもしれない。何しろ、恐れ多くも畏き帝を始めたてまつり、上達部《かんだちめ》、殿上人《てんじょうびと》、五位、四位などの方々は今さら言うまでもなく、私たちを見ない人は少ないでしょうから。女房の従者やその里から来る者、長女《おさめ》・御厠人《みかわやうど》といった下仕えの者たち、「たびしかはら」という身分の低い者に至るまで、私たちがいつ、見られることを恥じ隠れたでしょうか。男たちは、それ程ではないのでしょうか。それでも、存在する限りは、同じことだってあるでしょう。

〈原文〉
宮仕へする人を、あはあはしうわるきことに言ひ思ひたる男などこそ、いとにくけれ。げに、そもまたさる事ぞかし。かけまくもかしこき御前《おまへ》をはじめたてまつりて、上達部、殿上人、五位、四位はさらにもいはず、見ぬ人はすくなくこそあらめ。女房の従者、その里より来る者、長女、御廁人の従者、たびしかはらといふまで、いつかはそれを恥ぢ隠れたりし。殿ばらなどは、いとさしもやあらざらむ。それも、ある限りはしか、さぞあらむ。

（第二二段「生ひさきなく、まめやかに」）

女房は、帝をはじめとする上の身分の人々にも、下々の者にも、顔を見せて働いていた。それも、慣れれば何ということもない。働いているのだから文句を言うな。清少納言のタンカは颯爽として小気味よい。最後の、男たちはそれほどでもないかもしれないが、同じようなこともあるでしょう、というのも留意すべき発言である。女と男は全く違うわけではなく、顔を見られることへの抵抗感は、女ほどではないにせよ、貴族の男にもあったのだろう。

いつから顔を隠したか

女たちはいつから顔を隠すようになったのだろうか。

保立道久は、『日本霊異記』（中巻―三四）の中で、貧しい女が求婚する男に「着る物もなく顔を隠して会うことができない」（身裸にして衣《きぬ》の被《き》るもの无《な》し。何すれぞ面《おも》を障《さ》へて、参《ま》ゐ向きて相語らはむ）と言う場面に注目し、『霊異記』が編纂されたころに、女が顔を隠すことが始まったと推測している（保立、一九九八）。

これが、初見史料だろう。『日本霊異記』の完成は八二二年（弘仁十三）頃であり、ちょうど、古代から中世的なジェンダーへと移り変わる過渡期の状況を映す史料である（野村、二〇一七）。

その後、九七〇年（天禄元）に慈覚大師《じかくだいし》良源《りょうげん》が出した廿六箇条起請《にじゅうろっかじょうきしょう》に、

顔を隠して見せないのは、女人の儀である。男子や僧侶はすべきでない。

〈原文〉

秘面而不見者、是女人之儀也、男子僧侶、曾不可然。

（天禄元年（九七〇）七月十六日「天台座主良源起請」『廬山寺文書』『平安遺文』三〇三）

とあることが、黒田日出男によって紹介されている（黒田日出男、一九九三）。十世紀後半には、顔を隠すのは女のすること、という観念がすっかり定着していたことがわかる。また、男や僧の中にも顔を隠そうとする志向が現れていたが、社会的に規制があったことがわかる。

中世的社会の形成とともに、人々は顔を隠すようになった。それは、一体なぜなのだろうか。

見られぬことの高貴性・見るという暴力

鎌倉幕府の正史『吾妻鏡』（鎌倉後期成立）には、次のような話がある。

平氏が壇ノ浦で滅びた後、生け捕られた前内大臣平宗盛が鎌倉に護送されてきた。輿に載せられ、大路を進んでくると、沿道では見る者が垣をなした。幕府に連れてこられた宗盛は、出された食事に箸もつけず、ただ涙にくれた（『吾妻鏡』文治元年五月十六日条）。

この後、宗盛は死罪と決まり、都に返されることになる。源頼朝は、宗盛が帰る前に「面謁」、すなわち対面しようとした。以前に平重衡が送られて来たときも対面したので、今度も同じようにしようとしたのである。しかし、大江広元は、これを留めて言った。

「今や君は海中の兵乱を鎮め、二位に叙せられた身。あの者は朝敵で、無位の囚人です。対面しては、軽率のそしりを招くでしょう。」

頼朝は広元の意見を容れて、御簾の中から宗盛の姿を見ることにした。

ここには、宗盛をめぐる視線のドラマがある。囚人の宗盛は、輿が若宮大路をたどってくる途中、不特定多数の群衆の目にさらされた。その中には、身分の低い人々も多くいた。頼朝は対面して視線を交わそうとしたが、京都出身のブレインから、二位の頼朝が無位の囚人と直接対面しては軽率だと止められた。そこで、頼朝は御簾の影にいて姿を見せず、一方的に宗盛を見た。直接話しかけることもせず、臣下に言葉を伝えさせた。そして、大勢の御家人たちが、宗盛の姿を見、批評した。

勝者の頼朝は、自分は見られず、一方的に宗盛を見ることで、自分の方が高貴な存在であることを示したのであった。高貴な者は、人に軽々しく姿を見せないのである。相手が囚人のようなケガレを身にまとった人間ならなおさらである。一方、敗者の囚人宗盛は、頼朝との対面はかなわず、鎌倉のあらゆる人々の視線にさらされた。

中世において、人の姿を見るという行為には、権力性、暴力性があり、見られることは、その暴力にさらされることであった。

聖なるものは目に見えない

神の姿を絵に描かない、形にしないということは、古今東西にしばしば見られることだ。イスラームはもちろんのこと、仏教も初期のころはブッダの姿を表さず、宝輪や菩提樹、仏足石などでその存在を表現した。

日本の中世にも、聖なる存在を描かない表現があったことを、山本陽子が指摘している（山本陽子、二〇〇六）。例えば、使いの鹿だけで神を表す鹿曼荼羅や、社殿や神域の絵だけで神を表す宮曼荼羅などがある。また、絵巻物では、人の姿で出現した神を、顔の前に霞や木の枝を配置したり、屋根で顔が隠れるようにしたり、後ろ姿で描いたりする。仏像の影響で神像彫刻が作られ、神が人の姿で表現されるようになっていても、その顔は隠すものだったのだ。

また、人の世では、九世紀から、天皇が人目に触れない存在となった。国見《くにみ》に出かけることもなく、内裏の奥深くに籠って暮らした。

天皇は、律令制的な官職位階の体系の頂点に立つ世俗的な貌《かお》をもっていたが、もう一つ、王権の聖性を体現する貌があり、それは姿を見せないことで表現された。貴族の女たちが顔や姿を見せないのは、王権を取り巻く貴族としての高貴性を示すためだったと考えられる。中世において、人の目に見えない存在は、「神と天皇と貴族の女たち」だったのである。

もう一度、虫愛づる姫が言う「鬼と女は人に見えぬぞよき」という言葉の意味を考えてみると、

「よき」には「高貴な」という意味があるだろう。鬼には、『古今和歌集』仮名序（十世紀初頭）にある「目に見えぬ鬼神をもあはれと思はせ」というものから、『梁塵秘抄』に「我をたのめて来ぬ男角三つ生いたる鬼になれ　さて人に疎まれよ……」（三三九）とあるような具体的な形を与えられたものまでいろいろいるが、見えないものの方が高級なのだろう。鬼神は、神の一種である。

女も見えない方が高貴なのである。虫愛づる姫君は、虫捕り少年さながらの行動様式とは裏腹に、高貴な女であろうとしていたのである。

見ることとセクシュアリティ　王朝物語では、女の住む家の築地の崩れや障子の穴からの垣間見《かいまみ》、平たくいえばノゾキをすることによって、恋が始まるパターンが多い。窃視は、それだけで十分に性的な行動だった。

『源氏物語』の「若菜」には、源氏の妻である女三宮と女房たちが、御簾の中で、蹴鞠をする柏木らを見物している場面がある。ここでは、女の側だけが、自分は見られることなく、男の姿を見ていた。

ところが、そのとき女三宮の飼い猫が暴れ出し、首の紐が引っかかって御簾がまくれ上がり、柏木は女三宮の姿を見てしまう。見てはならない高貴な女の姿。柏木は、たちどころに女三宮に恋をしてしまう。見るという禁断の行為が、彼に社会的な理性を失わせ、人妻との破滅的な恋に向かわせたのである。

柏木はその猫をつかまえて匂いを吸い、陶然となった。そして、策を弄してついに猫を引き取って猫可愛がりし、毎晩一緒に寝た。おそらく猫は女三宮の身代わりだったのだろう（田中、二〇〇一）。それでも、柏木が、日本文学史上に輝く猫好き貴公子であることは間違いない。

見るという行為は、性的な思いや行動につながることだった。貴族の女たちが顔を隠すのは、望まない性的な視線を避ける意味もあったのだ。

五節の舞姫

このような時代に、高貴な姫が人前で舞うことなど、ありえないと思うだろう。ところが、そういう年中行事があったのだ。新嘗祭《にいなめさい》の翌日の豊明節会《とよのあかりのせちえ》では、貴族の姫たちが舞姫となって、五節《ごせち》の舞を披露することになっており、貴族たちはそれを楽しみにしていた。五節の舞姫については、服藤早苗の詳しい研究があるので、以下、それを紹介しつつ、見ることとセクシュアリティの問題を考えていきたい（服藤、二〇一五）。

奈良時代には、女が舞うことに何の問題もなかったため、女性の阿倍皇太子（のちの孝謙天皇）が、群臣たちの前で自ら五節舞を舞い、元正太上天皇に献上している。

平安時代に入ってからも、九世紀半ばには、藤原高子《たかいこ》が五節の舞を舞って従五位下に叙せられ、やがて清和天皇のきさきとなったように、公卿の姫が天皇や貴族たちの前で舞うのはむしろ名誉なことで、決して卑しい行為ではなかった。

だが、十世紀になると、公卿の姫は舞姫にならなくなる。代わって、下級貴族（受領層）の娘たち、つまり女房勤めをする階層の娘が、舞姫となった。九世紀半ばから十世紀にかけてのこの変化は、女が顔を隠すようになるのと時期を同じくしている。しかし、下級でも貴族は貴族、姿を見られるのは嫌なことだった。

この頃になると、五節の舞は、天皇をはじめとする男女の貴族が姫たちの姿や顔を見る、窃視に主眼を置いたイベントになっていく。貴族たちは男も女も皆こぞって、ワクワクしながら見た（『紫式部日記』）。舞それ自体はごく簡単なもので、舞そのものを鑑賞する場ではなかったようだ。

舞姫には、身分が下の付き添いが付けられた。傅《かしづき》（女房。華やかさを添える）、童女（香炉や敷物を持って舞姫に従う）、上雑仕《うえのぞうし》（雑用係）、樋洗《ひすまし》（トイレ係）、下仕《しもづかえ》（下働き）がおり、スタッフとして理髪《りはつ》（メイク係）が控えていた。みな、容姿の美しい者がそろえられた。このうち、顔が最もあらわになる下仕は身分が低く、女房の従女・半物《はしたもの》がその任に当たったが、人員がそろわない場合は、遊女《あそび》が雇われることもあった（服藤、二〇一五）。遊女は、顔を見られても平気な庶民でありながら、貴族のような髪を蓄え、美しい所作ができたからだろう。臨時雇いとはいえ、宮中の行事に遊女が動員されたのは面白い。

お供たちは、舞姫以上にじろじろ見られた。中でも貴族たちの興味の的になったのは、童女である。童女も舞姫と同じような階層の出身だが、裳着前の童で、汗衫《かざみ》を着ていた。この童女と下仕の顔を見るイベント「童女御覧」が、円融天皇（在位九六九〜九八四）のときに始まった。童女と下仕をずらり並べて扇を外させ、脂燭で一人一人顔を照らし、天皇以下の男女がこれを見て品定めをする。美しくないと皆で大笑いをする（『台記』、十二世紀半ば）。ある童女は怒って、ついに扇を取らなかった（『玉葉』、十二世紀後半）。また、ある美しい下仕は、蔵人が扇を外させようと近づいてくると、自ら扇を放り投げて美しい顔を現した。紫式部は、健気だが女らしくない（やさしきものから、あまり女にはあらぬかと見ゆれ）、と書いている（『紫式部日記』。服藤、二〇一五）。下仕は貴族ではないので、そもそも顔を出すことが苦ではなかったのだろう。あるいは、もしもこれが臨時雇いの遊女なら、思わず場違いなサービスをしてしまったのかも知れない。

このようなイベントの果てに、童女や下仕が、酔った貴族の男たちから深刻な性被害を受けることもしばしばあった（服藤、二〇一五）。そもそも、無理に顔を見るという行為自体が、女性に対するハラスメントなのだから、当然の流れであろう。

それにしても、顔を見るイベントは、なぜ舞姫ではなく、お付きの童女や下仕えに対しておこなわれたのだろうか。服藤によれば、童女も下級ながら貴族であり（服藤、二〇一五）、身分的には舞姫とそう変わらない。

舞姫と童女の違いは、女か童かの違いである。童であるということは、下層身分の人々と同等ということになり、成人した女より下に見られたのである。

高貴な女の声は聞こえない

高貴な女は、声もむやみに人に聞かれないように、小さい声で喋った。身分によって、発声も異なっていたのである。

『今昔物語集』には、次のような話がある。ある庶民の家の妻が、夫が留守のとき、貴族の藤原明衡と恋人女房の逢瀬のために寝室を貸し、それが度々になっていた。あるとき夫は、人から妻が浮気をしているというウワサを聞き、こっそり夜中に帰ってきて、暗かりの中をのぞいて見ると、たしかに男女が寝ている。やおら刀を抜いて、男の腹に突き立てようとした瞬間、長々とした指貫《さしぬき》の紐に気が付き、「我が妻に、こんな指貫を着る密夫《みそかお》が来るはずがない」と思って手を止めた。すると、麗しい香りがする。衣に触れてみると、とても柔らかい。すると、女房がはっと目を覚まし、「人の気配がするが、誰か?」と忍びやかに言う様子が「やはらか」で、自分の知る女ではなかったので、夫は間違いに気づいた（巻二六―四）。

ここでは、貴族の女の声の「やはらか」さが、人違い殺人を防ぐ一つのカギになっている。

承久の乱（一二二一年）の際に、鎌倉の御家人を結束させた尼将軍北条政子の「演説」は、『吾妻鏡』によれば演説ではなく、政子は簾の中にいて話をし、それを簾の前に控えた安達景盛が大きな声で伝えたという（『吾妻鏡』承久三年五月十九日条）。従二位に叙せられた高貴な女性である政子自身が声を張り上げなくてもよかったのである。

ただし、この演説は、御家人らを奮い立たせ、全軍を動かす力があるものだったので、実際には、政子の声はしっかり御家人たちの耳に届いていたのだ、と思いたい。

以上に見てきたように、貴族の女たちは、実名がなく、顔が見えず、姿が見えず、声も聞こえず、隠れて暮らしていた。歴史的に見れば、この慣習は、女が国家の主要な官職から排除され、その居場所が家の中に限定されたことで始まった「女の不可視化」と捉えられる。

女の不可視化

貴族の女たち自身にとっては、それは高貴性を保つことであり、セクハラ被害に遭わないためのガードでもあった。ただし、清少納言が、顔を見せて働いて何が悪い、と喝破したように、隠れ籠って生きることを不自由でつまらないと考える向きもあった。

山本淳子は、清少納言が仕えた中宮定子が、掌侍《ないしのじょう》だった母高階貴子の影響で、過剰に奥深く籠っていることを悪とする価値観を持っていたことを指摘している。定子自身、外から姿を見られかねない部屋の端近《はしちか》まで出て座っていることもあったという（山本淳子、二〇一七）。

最高に高貴な女である定子と、その女房である清少納言たちは、女の不可視化に抵抗を試み、「開かれた後宮」を目指していたのだろう。そういう女たちもいたのである。

4　美女か不美女か

身分が高ければとりあえず美女

物語には、よく美女と不美女が出てくる。しかし、そもそも女たちは顔を見せないのに、何をもって美女か不美女かを判定したのだろうか。

美女の第一条件は、まずは、髪の長さである。ここで、成り立つのが、

髪が長い＝身分が高い＝美しい
髪が短い＝身分が低い＝醜い

という図式である。

中世の人々は、高貴な身分の女が長い髪をしていれば、それだけで美しく見え、身分の低い女が髪を短くしていれば、それだけで卑しく見えた。

例えば、恵信尼《えしんに》（親鸞の妻）は書状の中で、自分の家の下女について次のように述べている。

父は御家人で右馬允という者の娘がありまして、それも、そちらに送ろうと思い、ことりという者に預けておいたので、世にも不満げな様子で、髪なども、世にも卑しくひどい状態です。ただ

の下人童で、憎々しげな様子です。

〈原文〉

ち、は御けん人にて、むまのぜうと申もの、むすめの候も、それへまいらせんとて、ことりと申にあづけて候へば、よにふたうげに候て、かみなども、よにあさましげにて候也。たゞのわらはべにて、いまいましげにて候めり、

（「恵信尼書状」文永五年〔一二六八〕三月十二日『山城本願寺文書』『鎌倉遺文』九八八八号）

たとえ、父が御家人でも、母親が下女で、他の下女に育てられた娘は、「髪なども世にあさましげ」な、ただの下人童で「いまいましげ」であるという。女の子は母親の側に属するのである。恵信尼のように、多くの下人たちとともに暮らし、一人ひとりの面倒を見てきた人でも、このような身分意識から自由ではなかった。中世人の美醜を感じる感性が、身分意識に強く支配されていたことがわかる。

頭上運搬と薄毛

激しい労働をすれば、髪は痛む。さきに、『男衾《おぶすま》三郎絵巻』で見たように、井戸から水を汲む仕事は女の仕事であり、最下層の下女がする労働だった。だが、下女がいなければ、家刀自が自分でやるしかない。『沙石集』（巻三―三）には、次のような話がある。親孝行なのに、父から所領を譲られなかった武士が、弟を相手に訴訟を起こしながら、困窮に耐えていた。評判の女と心を通わせ、ともに暮らしていたが、女の方も貧しかった。酒宴の席で人々が噂

をして、「あの殿の女房は、頭に毛が一本もなくなったそうだ」と言っているのを聞いて、北条泰時が訳を聞くと、「下人がいないから自分で水汲みをするので、頭に毛がなくなってしまったそうですよ」と言って、笑う。泰時は、「気の毒なことではないか」と涙ぐみ、折に触れてはこの武士に心をかけて援助していくうち、やがてこの武士の本国に大きな土地が空いたので、知行させることにした。武士は糟糠の妻を伴って本国に下って行った。

この妻は、「名人なる女」だった。何の名人なのかは定かでないが、評判の美女だったのではなかろうか。そう考えると、長年の水汲み労働で頭髪を失うことは、美女からの転落を意味した。

水汲み労働で頭が禿げるのは、中世の女たちが頭上運搬をしていたからである。下女たち、働く女たちは、薄毛になりがちだったのだろう。身分の高い女は髪が美しく、身分の低い女は髪が悪い。それは、中世の社会通念であり、現実でもあった。

中世の貴族たちによる、身分が低い人々の視覚的イメージは「蓬髪《ほうはつ》」で「色黒で痩せている」というものであり、それは「醜」だった。一方、貴族は髪が長く、色白で「つぶつぶと」太っているのが「美」とされた。これらもまた、中世の社会通念であり、生活からくる現実の姿でもあった。

『新猿楽記』の美女と不美女

十一世紀半ばに藤原明衡《あきひら》によって書かれたという『新猿楽記《しんさるごうき》』には、右衛門尉の一家として、さまざまなタイプの人々が列挙されているが、そこには美女も不美女も登場する（服藤、一九九五）。

まず、右衛門尉の一二番目の娘は美女であり、次のように描写されている。

翡翠のかんざしをなめらかな髪にさし、あでやかな装いは落ち着いている。蓮のような瞼を廻らして一笑すれば百の媚が生じ、青い黛を引いた眉を開いて向かい合えば、万人の愛を集める。白粉をつけずとも、もともと色白で、紅をつけずとも、潤いのある唇は赤い実のようであり、あぶらをつけた肌は白雪のようである。腕は玉のようであり、歯は貝を口に入れたようである。言葉は少なく要点を言い表し、穏やかな声で話を伝えられる……。

美女の描写は、必ずといっていいほど、髪への讃辞から始まる。だが、その後は、長恨歌のコピペを並べたようなステレオタイプな表現が続くばかりの、没個性的な容姿である。

一方、一三番目の娘は、悪女である。悪女とは、中世においては醜女を意味する語である。こちらは、かなり強烈だ。

頭は蓬髪で、額が短く、歯並びが悪く、出っ歯で、顎が長く、耳が垂れ、顎の骨が太く、頬骨が高く盛り上がっていて、下すぼまりに痩せこけている。歯の間に隙間があり、しゃべると舌足らずである。鼻筋が曲がっていて、鼻づまりの声で話す。せむしで鳩胸で腹が出ていて、片側にかたよるヨチヨチ歩きで、ワニのような足つきである。肌は瘡《かさ》やはたけが出来ていて、サメ肌である。首が短く襟は余り、長身であって着物の丈が足りない。腋臭《わきが》が強く、着物に虱が湧いている。手は熊手のようで、足は鍬のように扁平な大足である。白粉を塗ると、狐のような顔になり、紅をつけると猿の尻のように真っ赤である。淫乱で嫉妬深く、織物や裁縫は苦手で、家政が苦手で、財産をなくしてしまう……。

いやはや、なかなか個性的だ。こちらは微に入り細に渡って、具体的な欠点をあげつらい、「ワニのような足つき」「紅をつけるとサルの尻」といった比喩表現を次々に繰り出し、ノリに乗って書きつのっている。

二つの描写に共通するのは、髪の描写から始まるところだ。最も悪い髪は、「蓬髪」というパンチパーマ状の髪で、これは、最下層の乞食・非人身分の身体的特徴とされたものだ。『一遍上人絵伝』などを見ると、よく寺社の門前に乞食・非人身分の人々が座っているが、蓬髪、青黒い肌、痩せた身体が特徴である。実際には、貴族であっても、強い天然パーマの人はいただろう。色黒の人もいたはずである。そういう人々は、下層身分＝醜い姿を連想させるとして、男も女も嘲笑の対象となった。

『新猿楽記』はこの他にも、右衛門尉の妻たちとして、第一の本《もと》の妻《め》の老醜と、若く美しい第三の妾《しょう》が描写されている。第一の本妻については、シワ、歯抜け、垂れ乳といった高齢に伴う身体の変化が、猿の顔だとか、夏の牛のフグリだとか、修辞を尽くして描写されており、それでもまだ夫との性愛を求める様子が嘲笑されている。一方、第三の妾については、容顔美麗と書かれているが、具体的な描写はない。

どうやら、『新猿楽記』は、不美女の描写が好きで、美女の描写に興味はなかったようである。『新猿楽記』に限らず、中世の文筆家にはそうした傾向があった。

武者の面構え―男衾三郎の妻と娘

長身で、大きな目に目力があり、鼻が高く、唇は薄く、髪はロングのカーリーヘアー。今ならスーパーモデルのようなその人は、「関東一の醜い女」である（図50）。

彼女は、『男衾《おぶすま》三郎絵巻』（十三世紀後半）に登場する武蔵国御家人男衾《おぶすま》三郎の妻である。絵巻の詞書には、次のようにある。

身長二メートル一〇センチ以上、髪は縮れ上がり、元結の際にわだかまる。顔は、鼻しか見えない。への字型の口から、出てくる言葉には、気の利いたことの一つもない。男子三人、女子二人が誕生した。

〈原文〉

丈は七尺許り、髪は縮み上がりて、元結の際に蟠《わだかま》る。顔には鼻より外、又見ゆるものなし。へ文字口なる口付より、言ひ出す言葉、殊に果々《はかばか》しき事はなかりけり。男子三人、女子二人出で来給へり。

子どもたちのうち、男子たちは父親（図51）に似て凡庸な顔だったようだが、女子たちは、母親に似て、鼻が大きく、への字口、縮れ毛で、母親よりも目が大きく、顔の幅が広かった（図52）。図53は、娘の縮れた髪を女房たちが苦労して梳《くしけず》っているところである。

図51　男衾三郎（『男衾三郎絵巻』より）

図50　男衾三郎の妻（『男衾三郎絵巻』より）

図52　男衾三郎の娘（『男衾三郎絵巻』より）

図53　縮れた髪を梳く
（『男衾三郎絵詞』部分 東京国立博物館蔵 Image: TNM Image Archives）

私は、この女たちの顔を見ると、美術史家の山本陽子による武者絵の顔の分析を思い出す。山本は、爪絵や五月の幟《のぼり》などに描かれた伝統的な武者絵の顔の特徴として、頬骨の出た面長な顔、兜《かぶと》の目庇《めびさし》の下からのぞく白目勝ちの三白眼、小鼻や鼻孔が描かれた大きな鼻、厚い唇の大きな口、あるいはへの字型の線で結んだ口などを挙げ、こうした顔は、十三世紀後半から制作された『平治物語絵巻』『前九年合戦絵巻』など合戦絵巻の武者の顔に淵源があるとした。また、貴族的な引目《ひきめ》鉤鼻《かぎばな》の顔は、いつも斜め前を向いて描かれるものだが、武者顔の場合は、真横向きや真正面の顔も多いという（山本陽子、二〇一二）。

『男衾三郎絵巻』の制作時期は、これらの合戦絵巻と近い。そして、男衾三郎の妻と娘の顔は、山本がいう武者顔と共通点が多い。図53にみえる娘の顔が完全なる横顔であることも、この時代の女性像には珍しいもので、鼻の高さが強調されている。中世の人々の感覚の中では、それは「醜」の表現である。

物語の中で、男衾三郎は、「兵《つわもの》の見目《みめ》好《よ》き妻持ちたるは命脆《もろ》き相ぞ」と言って美女を嫌い、わざわざ醜女と嫁《か》したのだが、その顔は武者にふさわしい面相なのであった。そして、同じような勇ましい面構えの子どもたちを得ることができたが、皮肉なことに、それらは女子だった。

もっとも彼は、「女・女童《めらべ》に至るまで、習ふべくは、この身嗜《たしな》め、荒馬従へ、馳引《かけひき》して、大矢・強弓好むべし」という方針で、女たちにも武芸を奨励していた。荒馬を従えるといえば、『古今著聞集』

に登場する大力女の近江の金を連想させ（第一五―三八一）、「大矢・強弓」は『平家物語』の巴御前を思わせる（「木曽最後」）。さらに、男衾三郎が醜女と結婚したがった話は、『吾妻鏡』で、阿佐利与一義遠が、女武者の板額《はんがく》と結婚して強い子を得たいと願った話を想起させる（建仁元年六月廿九日条）。

中世には、醜い女を「悪女」といったが、「悪」という語には「強い」というニュアンスがあった。男衾三郎は、兄のような都出身の妻を迎えるのではなく、武者の血をもつ強い女のパワーに援けられたかったのだろう（大塚、二〇〇一）。

千野香織は、この醜い女の図像について、ジェンダー差別・身分差別を目的とする「嘲笑する絵画」であると断じた（千野、一九九六）。もちろん、そこには、都の貴族による東国武士への蔑視と怖れがある。

だが、以上のように見てくるとき、この絵巻はジェンダーを攪乱する物語として、もう少し面白い読みが可能なのではないかと思う。

5　かづら大作戦

清少納言は、髪に自信がない。

清少納言のエクステ

あるとき、一人で梅壺にいると、物語の貴公子さながらの麗しい姿で、頭中将藤原斉信がやってきた。御殿の両脇には紅梅・白梅が咲き、少し散りかけてはいるが、なお美しく、うららとのどやかな春の日が差していた。これは、ロマンスが生まれる完璧な舞台装置！　だが、現実は物語のようにはいかない。

「御簾の内より若き女房の髪が麗しくこぼれかかって」、という感じで応対できたら、もう少し素敵に映えるのだけど、私のように、もうトシで、髪も、つけ毛のせいでしょうが、ところどころ縮れてバラけていて、中宮様のお父様の喪中ということで、冴えない薄ねずみ色の喪服ばかり、いくら重ねても全く映えないばかりか、中宮様がお留守なので裳もつけず、袿《うちき》姿でいたなんて、すべて台無しで口惜しかった。

〈原文〉

御簾の内に、まいて若やかなる女房などの、髪うるはしく、こぼれかかりてなど、言ひためるやうにて、もののいらへなどしたらむは、いますこしをかしう見所ありぬべきに、いとさだ過ぎ、ふるぶるしき人の、髪などもわがにはあらねばにや、所々わななき散りぼひて、おほかた色ことなるころなれば、あるかなきかなる薄鈍、あはひも見えぬきは衣などばかりあまたあれど、つゆの映えも見えぬに、おはしまさねば、裳も着ず、袿姿にてゐたるこそ、物ぞこなひにてくちをしけれ。

（『枕草子』七九段「返る年の二月二十余日」）

この文章から、清少納言は、付け毛を使用していたことがわかる。「所々わななき散りぼひて」を付け毛のせいにしているが、おそらく、自身、天然パーマでもあり、それ程長く伸びる髪質ではなかったのだろう。ただし、「色ことなる」とあるのは、髪色のことではなく、喪服を着ていたことを指すのであって、清少納言が茶髪だといっているわけではない。

つけ毛、添え髪、ヘアピース、エクステのことを、中世には「かづら（鬘）」といった。のちに、中世後期から近世になると、かづらの頭文字が「か文字」なので、「かもじ」というようになる。

清少納言はまた、「昔おぼえて不用なるもの」（昔は立派だったが今は役に立たないもの）の中に、「七、八尺あるかづらの赤くなりたる」（二メートル以上あるかづらの、古くなって茶髪になったもの）を挙げている（『枕草子』一五七段）。生活実感だろう。

もちろん、かづらに頼っていたのは、清少納言だけではない。『梁塵秘抄』には、

隣の大子《おおいこ》がまつる神　頭《かしら》の縮《しじ》け髪　ます髪　額《ひたい》髪　指の先なる拙《てづつ》神　足の裏なる歩きがみ
（四〇一二）

とあって、天然パーマの隣の長女が「ます髪」（増髪）を使っていたことが歌われている。

前田本『枕草子』一四八段には、「むとくなるもの」（台無しの感じがするもの、不体裁なもの、見るかいのないもの）として、「翁が本鳥を放っている様子。髪の短い人が、かづらを外して髪を梳《くしけず》っているところ」（翁のもとゞり放ちたる。髪短き人の、かづらとりおろして髪けづる程）を並べて挙げている。

もともと髪の短い女が、かづらを外してとかしている様子は、高齢の男が烏帽子を外しているのと同様、見るに堪えない姿だというのである。同僚女房のことだろうか。

かづらを外して寝る

長い髪は、寝ると乱れる。二メートル近い髪がもつれたら、大変なことになるはずだ。だが、身分の高い女たちは、髪をまとめることなく寝た。絵巻物を見ると、髪は頭の上に出して寝ている（図54）。
では、かづらは、寝るときどうしたか。十四世紀前半頃に書かれたとされる女性向けマナーブック『めのとのさうし』には、次のようにある。

> もし、お髪が少なくて、おかづらで補正することがあっても、よくよく御身に沿うように、美しくお着けなさいませ。生来の使用人のように、かづらを装着した節《ふし》があるのは、はしたないもの

です。夜には、かき取って、お枕の辺りに置かれなさいませ。ただ寝るも起きるも、自分の身に心づかいをするのが宜しうございます。

〈原文〉

もし御ぐしなどすくなく。おんかづらにてつくろひ給ふことありとても。よく〳〵御身にそふやうにうつくしくしくしなさせたまへ。まことのやとひものゝやうに。かづらのふしめきたるは。はしきものなり。よるなどもかひとりて。御枕のあたりにをかれ候へ。たゞぬるもおくるも。身にこゝろのそひたるがよきにて候。

（『群書類従』二七巻）

この文章から、かづらは、寝るときには外したことがわかる。だが、絵巻物を探しても、寝ている女の枕元にかづらが置いてある絵は見当たらない。かづらは、どこにしまったのだろう。気になるのは、図54の枕元の箱である。

保立道久は、絵巻物『石山寺縁起』（十四～五世紀）『松崎天神縁起』（十四世紀初）などに描かれた、中世の家刀自（家の主の女、主婦）たちが脇息（寄りかかり）として使っている箱に注目している。保立はこれを主婦権の象徴と見た。さらに保立は、『延喜式裏文書』

図54　高い身分の女の寝姿（『春日権現験記』より）

長元八年（一〇三五年）に、妻（後家）が進退すべき財として、「枕筥」と華美な太刀が並んで登場することに注目し、枕筥とは女が枕元に置く箱であり、華美な飾太刀は男が枕元に置く枕太刀だろうと推測している（保立、一九八六）。枕元に置く箱ならば、かづらをしまったに違いない。

女たちの化粧箱は、「櫛笥《くしげ》」「櫛《くし》の箱《はこ》」などと呼ばれ、櫛などへアメイクの道具を中心に、化粧道具が入れられた。美麗な工芸品である箱は「玉櫛笥《たまくしげ》」と呼ばれ、宝箱、玉手箱であった（サントリー美術館、二〇一七）。

藤原公任（九六六～一〇四一）の歌を集めた『公任集』（九〇、九一）には、藤原済時が藤原遵子（公任の姉、円融天皇皇后）に、櫛の箱に薬（薬草）を入れて贈り、しばらくしてから、遵子が色とりどりの花を入れて返した話が見えている。二人とも、「玉くしげ」を詠みこんだ歌を相手に送っている。

また、同じく『公任集』（三六二）には、「中将のかうがいの枕箱にあなる、かへしやり給ふ」（中将藤原道信の笄《こうがい》が枕箱にあったのをお返しなさった）として、公任が中将に、

かみがきをかへす〴〵も見る時ぞ色ごのみとはしるく見えける

と詠んだ歌がある。「髪掻きを返すのに、ひっくり返して返すがえすよく見ると、色好みでいらっしゃること、明らかとお見受けしました」という意味で、笄の意匠に凝らされたダンディズムをからかっている。なお、笄は宿直所で借りたものらしい。

枕筥は女だけのものではなかったのだ。

ところで、かづらの原料となる髪の毛は、どのようにして入手したのだろうか。

抜け毛でかづらを作る

髪自慢の貴族の女たちは、自分の抜け毛を一本一本、拾い集めて取っておいた。

例えば、『源氏物語』の末摘花は、不美女の代表格だが、髪だけはたいそう美しかった。光源氏が須磨に流罪になっている間、末摘花は貧困のどん底にあった。皇族の血を引き、プライドだけは高く、人づき合いは苦手で、仕事がない彼女の屋敷は、蓬が生い茂り、狐狸が棲みつくあばら家と化していた。

そんな屋敷にいたたまれず、長く末摘花に仕えてきた乳母子の侍従の君は、とうとう、彼女の元を離れる決意をする。こういう場合、女主人は自分の衣を与えることが多いが、衣が一着しかない末摘花は、自毛のかづらを与えることにした。

自分の髪が落ちたものを取り集めて、かづらになさったもので、二メートル七〇センチ以上あってとても美しいものを、素敵な箱に入れて、昔の薫衣香のとてもよい香りなものを一壺添えて、与えた。

〈原文〉

わが御髪《ぐし》の落ちたりけるを取り集めて鬘《かづら》にしたまへるが、九尺余ばかりにていときよらなるを、おかしげなる箱に入れて、むかしの薫衣香《くのえかう》のいとかうばしき一壺具《ひとつぼぐ》して給ふ。

（『源氏物語』「逢生」）

美しい髪の持ち主だった末摘花が、落ちた髪を一本一本拾い集めて、かづらに仕立てたところ、二メートル七〇センチ以上のものができた。売ればさぞ高値がついたであろうが、そのようなことはせず、大切に所持していた。それを、思い入れたっぷりに、自分を捨てて退職する侍従に与えたのである。もらった側にとっては、さぞかし重たいプレゼントだっただろう。

男たちが烏帽子をプレゼントすることがあったように、女たちの間では、かづらをプレゼントすることがあったのだ。歌人の伊勢（九～十世紀）も、知り合いにかづらを贈っている。

物へ行人に鬘《かづら》をやるとて

梳《けず》りこし心もあるをたまかづら手向のかみとなるぞうれしき

（『伊勢集』二一六、『平安鎌倉私歌集』）

旅立つ人にかづらを贈り、「ずっと今まで、梳《くしけず》ってきた愛着あるこの鬘《かづら》が、旅の安全を祈る手向けの神になることを、とてもうれしく思います」という。手向けの神とは、道の神、道祖神のこと。神は、髪にかけている（平野、一九九四）。

髪を売る

古今東西、女が髪を売る話は多い。例えば、オルコット『若草物語』のジョーは、自慢の髪を売ってお金に換える。姉妹たちは驚くが、ショートヘアになったジョーは、よりジョーらしい輝きを増すように見える。O・ヘンリー『賢者の贈り物』では、夫へのクリスマス・プレゼントを買うために、妻は美しい髪を売ってしまう。この話には、髪を買い取る女性の商人が登場する。

こうしたことは、中世の日本にもあっただろう。鎌倉初期の『古事談』には、次のような話がある。

惟成《これなり》が文章得業生《もんじょうとくごうのしょう》で蔵人所の雑色《ぞうしき》だった時、花見の遊びとして、一人一種の持ち寄りパーティーがあった。惟成は、飯を持ってくる役に宛てられた。そこで、惟成は、長い唐櫃《からびつ》に飯が入ったものを二つ、曲げ物の桶に卵が入ったものを一つ、杉檜《すぎひのき》の箱に塩を詰めたものを一つ、仕丁に担がせて出したところ、人々は大きな歓声を上げた。

その夜、妻と臥し、手枕をして探ると、下げ髪が全て切ってある。驚いて問うたところ、妻は、「太政大臣という人の飯炊きと交易したの。髪を渡して、その長櫃を仕丁に担ぎ出させたのよ」と言う。この妻は、あえて嘆き悲しむ様子はなく、常に笑っていた。この女は、後に業舒《なりのぶ》の妻となったそうだ。

〈原文読み下し〉

惟成秀才の雑色為《た》る時、花の逍遥に一条一種物《いっすもの》しけり。惟成には飯《いひ》を宛てたり。而して長櫃に飯二、外居《ほかい》に鶏子《たまご》一、折櫃《をりびつ》に擣塩《つきしほ》一坏《つき》之れを納めて、仕丁に担はしめて之れを取り出だす。人々感声喧々たり。其の夜妻と臥して手枕を入れて之れを探るに、下髪《さげがみ》皆な之れを切る。此の時驚きて問ふ処、其の時、「太政大臣と申す人の御炊《みかしき》に交易して、其の長櫃、仕丁して担ひ出ださしむ」と云々。件の妻敢へて歎き愁ふる気無く常に咲む。件の女、後に業舒《なりのぶ》の妻と為る、と云々。

（『古事談』巻二―九六）

説話集には、このような職場内の親睦（?）のために、勤め人が自腹で出費しなければならず、困って妻に工面してもらう話がよく見られる。中世には、夫婦はそれぞれ財産をもっていて、困ったときには互いに扶助し合った。ここでは、妻は自分の髪を切り、太政大臣家の飯炊き係に渡す代わりに、米などの食品を横流ししてもらったのだ。それでも、何事もなかったかのように明るく振舞う妻。大した内助の功だが、そのわりに、後であっさり再婚しているのが面白い。

死体の髪を抜く

そうなると、どうしても思い出してしまうのが、あの、芥川龍之介『羅生門』（一九一五年）の死体の髪を抜く話である。

芥川の『羅生門』の原話は、『今昔物語集』の「羅城門《らじょうもん》の上層《うわごし》に登りて死人を見し盗人の語」（巻二九―一八）である。それは、次のような物語だ。

盗人になろうと京にやってきた男が、羅城門の下で日暮れを待っていた。人目を避けて上の階に上って行くと、ほのかに火がともっている。怪しく思い、連子窓《れんじまど》の隙間からのぞいて見れば、若い女の死体が横たわっていて、一人の嫗《おうな》がその死人の髪をかなぐり抜いていた。これは鬼ではないか、と怖ろしく思いつつ、試みに刀を抜いて、「おのれは、おのれは」と言って走り寄ると、媼はおろおろと手を擦るばかり。そして、言う。

「主であらせられた人が亡くなり、葬る人もいないので、ここにこうして置いたのです。その御髪が背丈よりも長かったので、抜き取ってかづらにしようと思い、抜いているのでございます。お助け下さい。」

　盗人は、死人の衣と媼の衣、抜き取られた髪をすべて奪い取り、門から降りて逃げ去った。

ちなみに、芥川龍之介の『羅生門』では、男は媼の着物を奪って逃げるが、髪は奪って行かない。どう考えても、この媼の着物よりも、死人の髪の方が高価だったと思われるのだが。

平安京には風葬があり、また、毎年のように疫病が流行し、街路に死体が転がっているのも珍しいことではなかった。死体の髪など、その気になれば容易に手に入ったのである。かづらには、そのような出所のものも出回っていたことだろう。

そう考えると、次に気になるのは、出家するときに切った髪の行方だが、これについては今のところ未考である。

かづら職人　十五世紀末に作られた絵巻物『三十二番職人歌合』には、「鬘捻《かづらひねり》」という職人が登場し、桂女と番えられて、一番にわたって歌を競い合っている（図55）。カツラ

「かづらひねり」

対戦というわけだろう。かづら捻りとは、かづらを作る職人で、女性として描かれている。後述する

文献に照らして、中世には実際に女性だったといえる。

まず、一つ目のかづら捻りの歌（五番）は、

花かづらおち髪ならはひろひをきひねりつきてもうらまし物を

（花かづらの花が落ちる。落ち髪ならば拾い置いて、捻りつけて、かづらにして売ろうものを）

というもので、評として、

花かづらの落ち髪ならば、拾い置いてもかづらにしようと言う。花を想う心が深いものの……

（花かづらのおち髪ならば。拾をきてもひねりつかむといへる。花を思ふ心はせちに侍れど……）

とあり、残念ながら桂女の勝ちとされている。

また、絵を欠くが、もう一つのかづら捻りの歌（二十一番）は、

うつくしくかゝれとてしもうば御前はよめがかづらをひねらさりけむ

（美しく、かくあれと言って、姥御前は、嫁のかづらを捻《ひね》らないであろう）

と詠んで、勝ちになっている。評には次のようにある。

図55　かづらひねり（『三十二番職人歌合』より）

右の歌は、僧正遍照が出家して髪を両親のもとに送ったときに詠んだ「たらちねはかゝれとてしもむば玉の　我黒髪はなでずや有けん」（母君は、かくあれと願って私の黒髪をなでたのではないだろう）という歌を、このかづら捻りの貧女が思いついたことが、まず珍しいことである上、「かくあれと願って、姥《うば》御前は、嫁のかづらを捻らないであろう」と、本歌にへつらうことなく、しかもその詞を写している。歌の調子がゆらゆらとなびくような様子は、誰かの寝乱れた桂の上であり、誰かの後ろ手のふさやかな削ぎ目にも、このような作品はめったにないと思われる。かづら捻りといえば、賤しいようだが、かの常陸宮の御娘（末摘花）も、自分の落ち髪を薫衣香の蓋に添えて、乳母の侍従に与えたのだ。賤しいあまの口ずさみにも、絶えることのない道の筋は、詞の玉かづらである。桂の歌を詠んだかつらよりも、見所がないであろうか。

〈原文〉

右歌。花山僧正の、たらちねはかゝれとてしもむば玉の我黒髪はなでずや有けんといへる歌を、このかづら捻の貧女の思よれる、まづ希有に侍るに、かゝれとてしもうば御前はよめがかづらをひねらざりけんと、本歌をへつらはずして、しかも其詞をうつせり。歌がらのゆら〳〵となびやかなるさま、たかねくたれの桂の上、たがうしろ手のふさやかなるそぎめにも、かゝるしなはありがたくこそみたまふれ。かつら捻といへば、賤きやうなれど、かの常陸の宮の御むすめも、我おちがみをこそ、薫衣香の壺にそへて、乳母の侍従にもたびけれ。いやしきあまのすさみにも、たゆまじき道のすぢは、詞の玉かづらにて侍りけり。桂が歌よめるかつらよりも、見所なくや侍らん。

難解だが、姑と嫁の微妙な関係が読まれているらしいところは、平安鎌倉時代と異なり、親夫婦と息子夫婦の関係が密になった室町時代後期、十五世紀末の社会を反映していよう。また、かづら捻りが、「賤しい」と認識されていることがわかり、注目に値する。

図56　おちやない（『人倫訓蒙図彙』より）

時は下って江戸時代、元禄期（十七世紀末）に書かれた『人倫訓蒙《きんもう》図彙《ずい》』（巻三）には、「おちやない」という女の商人たちが登場する（図56）。

「おちやない」

【おちやない】都の西の常盤というところから出るということで、女が頭に袋を載せて、抜け落ちた髪を買い、かもじにして売買し、渡世の業とした。それを「おちやないか」と言って、町々を歩くのであった。午後二時ごろから出てくる。風情のあることだ。

〈原文〉

【おちやない】都の西、常盤《ときは》といふ所より出るとかや。女のかしらに袋をいたゞき、髪の落《おち》をかい、かもじにして売買《うりかい》、世渡るわざとす。それを、おちやないか、といふて町をあるくなり。昼の八つ時よりいづるなり。ようすある事にや。

この文章は、江戸時代の終わり、一八三〇年（文政十三）に成立した『嬉遊笑覧』という随筆集にも引用されている。

職人図彙によれば、「おちやない」は都の西の常盤というところから出るということで、女が頭に袋を載せて、抜け落ちた髪を買い、かもじにして売買し、渡世の業とした。それを「おちやない」と言って、町々を歩くのであった。午後二時ごろから出てくる。これは、昔のかづら捻りと同じである。今は、かづら屋はあるが、落髪を買うということはなくなった。

〈原文〉

職人図彙に、おちやないは都の西常盤といふ處より出るとかや、女の頭に袋をいたゞき、髪の落をかひ、かもじにして売買、世渡るわざとす。夫《それ》をおちやないといひて、町々をあるくなり。昼の八ツ時より出るなり。是古《いにし》へのかづら捻りと同じ。今は、かづらやはあれど、落買と云ものなし。　　（『嬉遊笑覧』巻一下「容儀」）

ここでいう「職人図彙」とは、もちろん、さきの『人倫訓蒙図彙』のことであり、『嬉遊笑覧』が『人倫訓蒙図彙』の文章をそっくりそのまま引用していることがわかる。ただし、十九世紀の段階で、すでに落ち髪を買う商人は存在していなかった。

これらの史料から、近世初期に「おちやない」と呼ばれる女の商人たちが、京都の西の常盤の里（太秦の付近）に住んでおり、頭に袋を乗せて、「落ちやないか」（落髪はありませんか）と呼び声を発しながら町をまわって抜け毛を買い歩き、かもじ（かづら）を作って売って渡世としたことがわかる。それは、中世のかづら捻りと同じだというのである。

つまり、中世のかづら捻りの後身が「おちやない」なのであり、かづら捻りたちも、自ら町々を回って抜け毛を買い集めていたのだろう。洛西から京の町へと商いに出るところは、桂女と似ている。

もう一つ、近世初頭の「おちやない」についての史料を挙げておこう。一六八四年（貞享元）に開板された『雍州府志』は、京土産を書き並べる中で、「髪ノ心《しん》」として、落ち髪を買う商人のことが見えている（下線部）。居住地も、『人倫訓蒙図彙』と同じく、洛西常盤の里である。

およそ倭の風俗は、婦人の頭髪の少ない者は、別に長い髪を束ねてこれを心《しん》とし、あるいは添え髪にする。すなわち、これを結う、あるいはこれを下げる。結うとは、一所に囲んで頭頂に置くという意味である。下げるとは、束ねた髪を一緒にして、水のような状態で背後に垂らすことをいう。また、その身長と等しい長さに髪を下に垂らすことが、「滑《すべらかす》」ということである。女子は、髪添えを「加文字」というが、「加美」の下の美字を略したものだ。御婦人たちは、何でも下の字を略して、「何文字」と呼ぶことが多い。落西の常盤の里の婦人は、布の袋を頭上に載せ、市中を徘徊して、落髪はありませんか、と聞き、もし抜け落ちた髪をとってある人がいたら、すぐに買い取り、清水で数遍洗って、そののちに大小長短を選んでこれを集め、女性客の求めに従って、添髪を作る。最近は、男子もまた化粧をし、髪の少ない者は他人の落ち髪を集めて。自分の頭髪に加える。今、俗に「野郎」と称する者も、また髪が少ない者は同じようにする。また、少年は長い仮髪を着けて、婦人の化粧をして、歌舞をする。およそ、仮髪を作る家を髲屋《かづらや》という。およそ、町ごとに髪結床があり、誰もが髪を結いに来る。また、市中を回り、銭を取って月代を剃る者がいて、これを一銭剃りという。

〈原文〉

凡倭俗、婦人頭髪稀少者、別束長髪、是為心、或謂添、則結之或下之、結者、一所囲繞而置頂上之謂也。下者、束髪於一所、垂其水於背後、是謂下、又等其身、垂髪於下、是謂滑《スベラカス》女子髪添號加文字、加美之下略美字者也、凡婦人毎物多略下字、以何文字、呼之。洛西常盤里婦人、載布嚢於頭上、徘徊市中、問落《オチハ》有否、若有蓄蔵脱落之髪者、則買之、清水洗浄数遍、而後大小長短択之、聚之、随婦人之所求而造髪添、近世男子亦治容而少髪者、聚他人之落髪、相加自己之頭髪、今俗所称野郎亦少髪者如此、又少年著仮髪之長、為婦人之粧而歌舞、凡造仮髪家謂髲《カヅラ》屋、凡毎町有髪結床、諸人来令結之、又巡市中、取銭剃月額、是謂一銭剃。

（『雍州府志』巻七土産門下、服器部）

江戸時代の初期、烏帽子を脱いだ男たちも、かづらをつけるようになっていたことがわかり、興味深い。近世になって、かづらを「か文字」すなわち「かもじ」というようになっていたことがわかり、興味深い。

かづら屋、男に変わる

一六八七年（貞享四）刊の浮世草子『籠耳《かごみみ》』には、次のような記事があるので紹介しよう。

男女の生業でも、混ざってきたことがいくつもある。八瀬大原の女は、馬を追って都に出るし、御池長者町には男の洗濯があり、かわにしには男の綿つみがある。竹で編んだ魚を取る道具、茶柄杓《ちゃびしゃく》、箒《ほうき》、紙屑籠《かみくずかご》などを棒で担いで、女が売り歩いている。越前敦賀の浜では、女が舟を漕いで猟に出れば、男は宿にいて苧麻を績む。近江の在々にては、女は宿にいて搗杵《かちぎね》で米をつけば、男は田に行き草をとる。京の町でも、そのうち、女の駕籠かきや、男のおちやないも出るのではなかろうか。

〈原文〉

男女のわざにも、混雑したる事いくらもあり。八瀬大原の女ハ、馬を追て都にいで、御池長者町にハ、男のせんだく、かわにしにハ男の綿つみあり。筌《さくら》、茶柄杓、箒、紙屑籠、棒でになふて、女が売ありく。越前敦賀のはまにてハ、女が舟をこぎ、猟にいつれハ男ハ宿にゐて、真苧《まお》を変《に》ごく。近江の在〱にてハ、女は宿にて搗杵にて米をつけバ、男は田にゆきて草をとる。京の町にても、やがて、女の籠かき、男のおちやないも出べきにや。

（『籠耳』巻一—五）

近世初頭に男女の分業が変化しつつあったことが書かれていて、たいへん興味深いが、ここではこれ以上踏み込まない。ともあれ、この記事からは、「おちやない」が女の生業であり、男の「おちやない」などありえないと考えられていたことがわかる。

この記事を、十九世紀初頭の『嬉遊笑覧』がまた引用して、次のように述べている。

（「おちやない」は）女の仕事と決まっていたので、『籠耳草子』には、男女の仕事が替わることについて、京都の御池長者町には、男の洗濯や綿摘みがある。そのうち、女の駕籠《かご》舁《か》き、男の「おちやない」も出るのではないかと、ありえないことを言っていたが、同じ生業であるかつら屋は、男の仕事になった。

〈原文〉

女の業に定まりしものゆゑ籠耳草子に、男女所業のかはれることをいひて、御池長者町には男のせんたく綿つみあり、やがて女のかご舁、男のおちやないも出べきにやと、あるまじきをいひしかど、おなじ業なるかつらやは、男の職となれり。

（『嬉遊笑覧』一下容儀）

『嬉遊笑覧』によれば、男の「おちやない」は結局出現せずに終わったが、同じ生業であるかづら屋は男に変わっていた。中世以来、女たちが原料を集め、制作し、販売をしていたかづら屋は、男たちが取り仕切る職種になったのである。

本章を終えるにあたって、『とりかへばや物語』の主人公で、身体は女性の右大将が、その後どうなったかを見てみよう。彼は、強引な権中納言のせいで望まぬ妊娠をし、車に乗せられ、宇治にある屋敷へ連れていかれた。「私は一体どうしてしまったのか」（こはいかにしつるわが身ぞ）と、心は闇。肌身離さず所持する得意の横笛も、女になってはもう吹けない悲しさに、今宵限りと吹き鳴らす。その心も知らず、権中納言は扇で拍子を取りながら謡っている。帰りたいが、もはや帰れぬ道であった（八三）。

翌日、権中納言は、右大将に髪を洗わせると、ふさふさと尼削ぎぐらいの長さであった。眉を抜き、鉄漿《おはぐろ》をつけて女装にすると、とても美しい女に変身した。権中納言は喜ぶが、右大将は「私はどうしてしまったのか」（いかにしつるわが身ぞ）と悲しみに沈み、起き上がることすらできない。そんな右大将に、権中納言は言い放つ。

男が女に変わるとき

このお姿こそ、正常なのです。これまでの有様が正気のことだったとお思いですか？　もとはといえば、表の公的な場に出て、多くの人に顔を見せて人付き合いをしようと希望されて、無理に男姿でお付き合いされていたのでしょう。御立派ですが、御自身の性を変えてお過ごしになるのは、あるべき姿ではありません。奇妙な感じがしても、女の姿でいらっしゃることこそ、正常なことなのです。

〈原文〉

これこそは、世の常のことなれ。年頃の御有様は、現実事《うつしごと》とやおぼしつる。もとよりひたおもてにさし出でて、あまねく人に見え交らはむの御頼みに、ことさら交らひ給ひしにこそありけれ。めでたくとも、わが身をあらぬに変へて過ぐし給へること、あるべきことならず。あやしくとも、かくておはさむこそ例の事なれ。

今なら大問題なこの言い草に、右大将は反論することができなかった。「それもそうだ」と、我が身を恥じるばかり。そして、たとえ姿が変わっても、生きてさえいれば親しい人々にまた会えると、自分を慰める。

短い髪が見苦しいので、一夜に三寸（九センチメートル）ずつ髪が必ず伸びる薬をシャンプーにして、毎日髪を洗う。そうこうするうち、権中納言には他にも通う女がいることがわかってきて、心中は、複雑である。諦めて女になって、権中納言とともに暮らしても、決して幸せにはなれないと悟るしかなかった。こうして、男に変身したきょうだいの尚侍が助けに来るまで、右大将は、諦念と忍び泣きの日々を送るのである。

『とりかへばや物語』は、男が女に変わる場面を、絶望として描いた。それは、自ら望んだ変身ではなく、性関係を強要されて妊娠し、拉致され、強制された変身であった。きょうだいの尚侍が、自らの意思で女から男になって颯爽と歩み出すのとは、対称的なメタモルフォーゼであった。

第三章　中世に、女であるということ

1　女はつまらない

女は勅撰集の撰者になれない

烏帽子と垂髪の時代は、九世紀半ばごろから始まり、十六世紀ごろまで続いた。この期間を本書では大まかに中世と呼ぶが、もちろん、この七〇〇年ほどの間に社会は変化し、いくつかの画期があった。

その中で、十二世紀、平安末の院政期には、家長に率いられ、永続する家が、社会の単位となり、婚姻形態にも変化が現れた。従来の婿取婚が引き続き人々の行動や意識を規定する一方で、夫方の親が新居を用意して新婚夫婦を住まわせる、嫁取りに近い形式も、ぼちぼち見られるようになった。

これまでの婚姻の不安定さを克服し、一夫一婦の結びつきを永続的なものにしようという志向が現れたのである。夫婦は死ぬまで添い遂げ、死後も「一つ蓮の上に」と誓い合うようになる。片方が死ねばもう片方が菩提を弔い、夫が死ねば妻は出家し、後家として家を継承した。妻の方が先に死ぬことは少なかったが、妻の死で夫が出家した例もある。とはいえ、離婚再婚が不名誉になることは全くなかった。

だが、このころから、「女はつまらない」といった女たちのブーイングが聞こえるようになる。女の活動領域が、いっそう、家の中の私的領域に限定されていったためだろう。貴族の女たちが、自分が男に比べて損な立場に置かれていることをはっきりと意識し、不満を表明するようになったのだ。

このころ書かれた文芸批評の書『無名草子』（一一九八～一二〇二年ごろ）には、女が勅撰集の撰者になれないこと、勅撰集への入選でさえ、女は不利であることが書かれている。作者は、俊成卿女《しゅんぜいきょうのむすめ》という歌人である（異説あり）。藤原俊成に養育されたのでこのように呼ばれるが、実際は孫で、俊成の娘の八条院三条の娘である。

最勝光院に詣でた高齢の尼と女房たちが、物語の批評をする中で、勅撰集の撰者に女はなれないという話になる。

「女ほど口惜しいものはありません。昔から情趣を好み、諸芸を習う者は多くいますが、女がいまだに勅撰集を撰んだことがないのは、とても口惜しいことです。」

と嘆息すると、若い女房が反論する。

「必ずしも、勅撰集の撰者になることだけが、すごいわけではないですよ。紫式部が『源氏物語』を書き、清少納言が『枕草子』を書き集めたことから始まって、これまでお話ししてきた物語の多くは、女の手になるものではありませんか。だから、私だってきっと、捨てたものではありません。」

「ではなぜ、後の世まで残るような歌を書き留める身ではないのでしょうか。人の姫君・北の方として陰に隠れている人はともかく、宮仕え人として人に顔を見せて、人に知られる程の身を持ちながら、『今話題のあの人よ』などと人に言われることもなく、末の世まで名を書き留められることなく終わるのは、非常に口惜しいことではないでしょうか。昔からどれだけ優れた歌が多かったというと、大したこともないようですが、下手な腰折れを一首詠んで勅撰集に入ることすら、女にはとても難しいのです。まして、世の末まで名を残すほどの言葉を詠み出し、創り出したような例は少ないと聞いています。なかなか至難の技のようです。」

するると、若い女房は、

「それでも、誰々がいますよ。昔も今もなく評判になっている素晴らしい人たちを思い出して、その中で少しでもいい人の真似をしましょう。」

と言うが、

「物真似は、人がしてはいけない技ですよ。淵にハマりますよ。」

と言う。

（二六「女」）

勅撰集の撰者は男しかなれない。つまらないことだ。そればかりか、勅撰集へ入選することすら、女は男より困難だ。自分より業績の少ない歌人が、ただ男だというだけですんなり入選するさまを横目で見ながら、「下手な腰折れを一首詠んで勅撰集に入ることすら、女にはとても難しいのです」（あやしの腰折れ一つ詠みて、集に入ることなどだに、女はいとかたかめり）という発言は強烈である。現代人の多くは、ノーベル賞をはじめとする各種受賞者が男性に偏っていることに、ようやく最近になって気づいたところだ。中世は、今とは逆に、女たちが既得権を失っていく過程の時代であった。

作者が俊成卿女なら、祖父は俊成、おじは定家である。

ああ、チャンスを得て、三位入道（俊成）のような立場になって、歌集を撰びたいですねえ。

〈原文〉

あはれ、折につけて、三位入道のやうなる身にて、集を撰びはべらばや

という一言には、彼女の焦燥が、人生の万感の思いが込められているように思う。代々勅撰の撰者となって受け継がれていく「和歌の家」に生まれながら、女であるために蚊帳の外に置かれた作者の「なぜ私はダメなのか？」という悔しさがリアルに伝わってくる。

ただし、実際には、彼女の歌は多くが勅撰集に入選し、今に名を遺す歌人となった。女の視点での物語批評という、誰もしなかったことを成した。負けないで生きた結果である。

しかしながら、ここで交わされた女同士の議論は不毛である。論点はそこではない。闘う相手を間違えてはいけない。年長者は、前を向いて進もうとする若い人の行く手を阻んではいけません。

虫好き宣言

「女はつまらない」時代には、女になりたくないヒロインが登場する。例えば、平安後期から鎌倉中期にかけて編まれた『堤中納言物語』の中の「虫愛づる姫君」は、化粧

が嫌いで、眉を抜かず、鉄漿《おはぐろ》を付けず、白い袴をはいて、白い扇に漢字の練習をしていた。女らしいことが嫌いだったのである。

彼女の生活は、毛虫を手の上に載せて一日中見ていたり、たくさんの小箱に虫たちを入れて変態のようすを観察したり、男童たちを集めて虫捕りをして、名を聞いたり、新種（？）に名をつけたり、「舞う虫」とされた蝸牛《かたつむり》や蟷螂《いぼうじり》（カマキリ）を取ってきて並べ、みんなで舞え舞えと歌ってはやし立てたりと、実に楽しそうである。それなのに、女房たちはキャーキャーと逃げ惑い、親はやめさせようと説教するので、姫は仏教的な論理で反論するのだった。

虫と遊ぶ童時代が、いつまでも続いたらいいのに……。だが、姫はすでに「さがりば」がある、成人した女なのだった。姫の「さがりば」は、手入れをしていなくても美しかった。また、髪全体の長さは袿《うちき》の裾ぐらいまであって、とても多く、髪の裾を削いでいないものの、整っていてなかなか綺麗だった。虫愛づる姫君は、実は美女だったのである。

こうした姫を、貴族の若者たちは放ってはおかない。姫をからかおうと公達《きんだち》が偽物の蛇を投げ込むと、姫は蝶のように袖をバタバタさせて怖がってしまう。姫は、なぜか蛇だけは苦手だったのだ。蛇は性的なイメージが濃厚な生き物であったことが、多くの説話からわかる。蛇を見て蝶になってしまった毛虫の姫は、はっきりと女のジェンダーに位置づけられてしまうのだ。

姫の幸福な虫捕り童時代は、男たちの乱入によって乱された。虫が怖い女房たちは、ますます姫を非難した。それでも姫は、虫好きを非難する人々に反論し続けるが、物語は唐突に「第二巻に続く」と言って終わる。

私は、姫がその後も虫を愛して生きて行ったと信じている。時は流れて二十世紀末、虫愛づる姫は、漫画『風の谷のナウシカ』全七巻（宮崎駿、一九八三〜九五）、および同名のアニメーション映画（宮崎駿監督、一九八四年）のモデルとして、現代によみがえった。二〇一九年、『風の谷のナウシカ』は尾上菊之助主演で歌舞伎にもなった。

ちなみに、私も小学生のころは、「女の昆虫博士」の異名を取っていた。我が同志、虫愛づる姫よ！　二十一世紀は、虫を愛する我らを必要としているのだ。

男装の麗人、女と結婚する

「女はつまらない」と思う人が多かったからだろう。平安末期以後、中世には、男装の麗人が活躍する物語が書かれるようになった。それには、平安末期の『とりかへばや物語』、鎌倉時代の『有明の別れ』（在明の別）、室町時代の『新蔵人絵巻』がある（木村、二〇一七）。ここでは、『有明の別れ』を取り上げよう。

主人公（最初は右大将）は、『ベルサイユのばら』（池田理代子、一九七二〜）のオスカルや、『りぼんの騎士』（手塚治虫、一九五三〜）のサファイア王子のような、りりしい男装の姫君である。ヒロインが男として育った事情は、『とりかへばや』とは異なっている。『とりかへばや』の父は、勝手に男らしく育っていく娘に困惑するのだが、『有明の別れ』では、息子に恵まれない父が、娘を後継ぎにすべく男として育てるという、御家の事情である。その点も、現代人が造形したオスカルやサファイアと同じである。『とりかへばや』より時代が下り、男子による家の存続という事情が前面に出てきたのである。

『有明の別れ』の成立は鎌倉時代初期と推測されているが、物語中の夫婦の居住形態がみな夫方のようなので、もう少し下って十三世紀後半、鎌倉時代の中期以後になるのではないか、と私は考える。

平安京のオスカル、主人公の右大将は、ただ優秀なだけでなく、隠身の術を使い、笛の音で神と交信する不思議な力をもっている。その身からは常に芳香が放たれ、それが物語の全編を通して彼を表象する。その匂いは、彼が男になっても女になっても変わらない。

右大将は、術を使って姿を隠し、他人の家に入り込んで見物して歩くうち、ある姫君が、同居する義父の性暴力によって妊娠し、苦しむ姿を見て、すっかり同情して救出を試みる。いきなり姫の寝所に入って口説き落とし、抱き上げてさらって行きたかったが難しいので、言葉を尽くして誘い出し、自分の妻とする。

右大将がこの姫に惹かれたのは、「あやしくのこりおほかる人ざま」（不思議に心が強く残る人柄）ゆえであった。一方、姫は、右大将の「御さまのなつかしさ」に次第に心が落ち着き、「御衣《おんぞ》のにほひ」、「息ざし」（息づかい）、「けぢかさ」（親しみやすさ）、「雄々しからぬ」（男っぽくない）ところに心惹かれた。物語は、こうして始まった二人の結婚生活を濃密に描いている。二人は、一日中慣れ親しみ、互いに深く愛し合った。姫は、乱暴な義父とは対照的な、浮気心のない夫に満足していた。やがて、姫が義父の息子を出産すると、右大将は自分の子として世間に公表する。

だが、年齢を重ねるにつれ、右大将は社会的な性と身体の性とのギャップに悩みを深めて、尼として出家することを願うようになる。そして、とうとう自分が死んだと発表し、男装をやめて家を出る。その事実は妻にも知らせなかった。

それから、いろいろあって、彼（女）は帝の女御となるが、妻が恋しくてならず、会って真相を告げることにする。

今は尼となっていた元妻は、女御に呼ばれて対面した途端に、夫の匂いを感じ取った。女御から発せられる世の常ならぬ匂いと、「けぢかい」雰囲気が、亡き夫そのものだったのだ。ただ一点、美しい髪がはらはらとこぼれかかるところのみ、夫と違っていた。

『有明の別れ』は、この夫婦の情愛を、「匂い」という象徴をもって、美しくもエロティックに表現した。また、何度も出てくる「けぢかさ」＝親しみやすさは、身体的には同性であるがゆえの情の表現だろう。『有明の別れ』は、女と、身体は女性である男装の麗人との性愛を、繊細に、情感豊かに描写した、なかなか他に類例を見ない稀有な日本文学なのである。

父のような女院

『有明の別れ』のヒロインは、女御の地位に上りながら、男であった頃を夢のように思い続ける。自分が作った会心の出来の漢詩文、それを読んだ博士が感服した様子などが心に浮かんできて、「あさましい男の姿」だったころばかりが恋しく思い出される。女になった今はもう作ることのない漢詩文。私なら男たちが足元にも及ばないような漢詩文を作れるのに……と、口には出さないものの、口惜しくてならず、そういう気持ちがまた恥ずかしい。だが、女になった今はもう、漢詩文を作ろうとは思わない。その理由は、手入れが厭わしい髪のかかりに落ち着かない、というのである。つまり、髪の手入れが煩わしく、漢詩文など作る余裕もないというのだ。何ということだ！

彼女は思う。自分を男と女に分身できたなら、いろいろな方面で社会で輝けるのに、口惜しい、と。つまり、彼女の中には男と女の両方の能力があり、一度にどちらかしか演じられないのが口惜しく、自分を二人に分割したいと思っていたのである。

それでも、男の官人として働いた経験は、彼女が国母女院として朝廷の長上となったときに、しっかりと生かされる。

彼女は二人の皇子を産み、やがて息子が即位すると国母となり、中宮から女院となる。一方、元妻が産んだ息子には「おば」と称して親しく接し、父の気持ちで政治のことまで指導し続ける。その姿は、中世に実在した女院たちを彷彿とさせる。女になってからのりりしさをきちんと描いたことが、この物語の良さだと思う。だが、元妻の息子の方は、この美しい「おば」を元父と知らずに恋い慕い、その叶わぬ恋ゆえに、刹那的な恋愛遍歴を重ねていくことになるのだ。

『有明の別れ』は、古典とは思えぬほど、現代人が求める内容が豊富に含まれた面白い物語である。だが、残念ながら、今のところ読み易いテキストがない。なぜ、これまで知られてこなかったのか、古典文学の全集に採られていないのか、不思議な気がする。多くの人が読んで楽しめるような対訳付きのテキストの出版が、待たれるところである。

こんど生まれるときは男

中世には多くの尼が存在した。だが、国家的な大寺院に所属し、指導的な地位に着いたり、高僧と仰がれたりするのは男性の僧に限られた。

仏教の経典の中には、女性は成仏できないというような差別文言が書かれたものがある。いわく、女人には五障三従がある。五障とは、女性は梵天・帝釈天・転輪聖王・魔王・仏になれないという考えである。三従とは、女性は子どもの頃は父に従い、結婚したら夫に従い、老いては息子に従えというもので、インドの『マヌ法典』などのほか、儒教にも同様の思想がある（永田、一九八九）。

これに対して『法華経』には、女身では往生や成仏が叶わないので、変成男子して、女身を転じて男に変身すれば成仏できるという考え方が記されている。これもまた、女人救済を歌いながら女性を差別する思想にほかならない（平、一九九二）。『転女成仏経』という経典も作られた。

だが、仏教を導入した古代の日本社会は、このようなジェンダー差別思想を受け容れる素地がなかったので、その部分はスルーして受容しなかった。

平安時代になると、貴族社会では次第にそうしたジェンダー差別思想が知られるようになったが、社会全般に流布したわけではなく、鎌倉時代になっても、多くの人にはその意味がわからなかった。例えば、鎌倉時代中期に成立した『承久記』では、有名な承久の乱における北条政子の演説の中に、次のような言葉がある。

一番には姫御前（大姫）に後れまいらせ、二番には大将殿（頼朝）に後れたてまつり、その後、またうちつづいて左衛門督（頼家）に後れ申し、また程なく右大臣殿（実朝）に後れたてまつった。四度の思いはすでに過ぎました。しかし、今度もし権大夫殿（義時）が討たれたならば、五つの物思いになることでしょう。女人五障とは、まさにこのことを言うのでしょう。

〈原文〉

一番には姫御前に後れまいらせ、二番には大将殿に奉レ後《おくれたてまつり》、其後、又打つゞき左衛門督殿頼家に後れ申、又無《ほど》レ程《なく》右大臣殿に実朝奉レ後。四度の思は已に過たり。今度、権太夫被《うた》レ打《れ》なば、五の思に成ぬべし。女人五障とは、是を可《もう》レ申哉覧《すべきやらん》。（カタカナを平仮名に改めた）

北条政子が本当にそう言ったわけではあるまいが、ここでの政子は、女人五障を五人の肉親と死に別れる苦悩の意味で使っており、明らかな誤用である。当時の人々に、女人五障の意味が正しく理解されていなかったことがわかる。

鎌倉時代の終わりごろ、厳島の尼覚照《かくしょう》は、写経をして女身を転じて男子になることを祈った。その願文には次のようにある。

この経を写し奉る志は、仏の守護する開山月丹和尚ならびに月浦比丘尼、覚照の両親と祖母が、成仏することを祈り、志すところは、面々成仏間違いなく、上は四恩に報い、下は地獄餓鬼四悪所、ともにことごとく利益《りやく》しようというのである。ないし、法界平等《ほっかいびょうどう》利益《りやく》。もしまた人として生まれたならば、女身を転じて男子となって、大知識となって、衆生を利益したい。

元徳二年（一三三〇）庚午五月十六日　　比丘尼覚照（花押）

〈原文〉

右、書写奉志者、護念開山月丹和尚并月浦比丘尼、覚照二親祖母為成仏、志所者、面々成仏無疑、上四恩報、下地獄餓鬼四悪処、共悉利益せん、乃至法界平等利益、若又人間生セハ、転女身成男子ト大知識トナテ、衆生利益セム、

元徳弐年（一三三〇）庚午五月十六日　　比丘尼覚照（花押）

（『鎌倉遺文』三一〇三八号、「尼覚照写経願文」『安芸厳島神社所蔵華厳経巻二十三』）

ここで覚照が言っているのは、変成男子して成仏したいというのではない。今度、生まれるときは男子として生まれ、徳の高い僧となって衆生利益に努めたい、というのである。これは「転女身」の意味を誤解、もしくは、わざと読み替えて解釈したものである（野村、二〇〇四）。その背景には、

当時、尼の身では高僧となるのが難しかったという事情がある。

出家の世界でも、奈良時代までは僧尼対等だったが、平安時代の九世紀後半になると、国家的な法会から尼が締め出され、尼寺は衰退していった。世俗の男女と同様なジェンダー政策が、出家の世界でも採られたのである。

2 穢の問題と女の仕事

洗濯は女の仕事

中世社会を語るとき、避けて通れないのが、穢（ケガレ）の問題である。九世紀半ば、人とけものの死、出産、そして月経が、ケガレとして忌むべき対象とされた。女性の身体と不可分の出産と月経がケガレとされたのである。この観念は、すぐに社会全体に普及したわけではないし、女性の地位の急落につながったわけでもない。だが、女性をケガレと結び付ける思考が、王権の周囲から出てきたことは重要であり、中世社会は影響を受けていくことになる。

『貞観式』（八七一年）では、宮中に仕える女は月事（月経）の時は祭の前に退出するようにと定められていたようだ。『延喜式』（九二七年完成）でそれが再確認され、『光孝天皇実録』八八六年（仁和二）九月七日条には、伊勢斎宮が禊をしたら俄かに月経が起こったことが「事件」として記録されている（西山、一九九〇）。

十世紀後半になると、この問題は、神事に携わったり宮中に参内したりする場合に限らず、貴族女性一般が月経の際は神社への参詣を控えるとか、夫が神事に従事するときは別屋に移るなど、女性たちの生活と精神に影響を及ぼしていった。

中世には、洗濯、衣をすすぐことが女性の仕事とされていた（勝浦、一九九五）。例えば、八世紀に僧寺の西大寺とペアで建立された尼寺の西隆尼寺《さいりゅうにじ》は、九世紀の終わりになると退転し、西大寺の僧衣の洗濯場となる。比叡山などの僧たちは、山のふもとに家族の女性たちを居住させ、衣を洗わせていた。さらに縁もゆかりもない近隣の女性たちに大量の衣を洗濯させるケースもあったらしい。

洗濯が女性の仕事とされたのは、ケガレをすすぎ、浄めることが、女性の役割とされたからだろう。勝浦令子は、次のように述べている（勝浦、一九九五）。

> 洗濯は、単に現実の衣服の汚れを取り除くというだけではなく、穢れをはらい浄化するための呪術的な洗濯でもあり、この洗濯をなしうる能力が女性にあるとみなされていた可能性を示唆する。

中世の身分制度においては、死体を片付け、清掃する職能の人々をキヨメと呼び、その人々自身をケガレを背負う身分とした。それと同じ構造が、ジェンダーにおいても創出された。女性は、ケガレを背負ったジェンダーに分類されていて、ケガレを浄める機能を割り当てられていたのである。

洗濯と並んで、病気の治癒・医療でも、女性が活躍していた。中世の医療体制は脆弱であり、都市の衛生状態は甚だ心もとないものだった。毎年のように裳瘡《もがさ》（天然痘）や赤裳瘡《あかもがさ》（はしか）などの感染症が流行し、そのたびに貴賤を問わず、多くの人々が死んだ。

医療・介護は女の仕事

『病草紙』には、病気や障がいに苦しむ人々と、その周囲の人々が描かれている。その男女別人数を数えてみると、病気や障がいに苦しむ人は男性一四人・女性七人であり、男性が女性の倍である。一方、病人の傍らにいる人は、男性一八人・女性三〇人で、女性の方がかなり多い。その中にはケアする人も興味本位で見ている人もいるが、ともかく女性が病人の傍らにいるイメージなのである。このことは、中世において、男はケアされる人、女はケアする人といった意識があったことを示している。試みに『絵巻物による日本常民生活絵引』を引いてみると、病人の看病をしている人は、稚児一名のほかすべて女性であり、もちろん出産の介添えはすべて女性たちである。ケアラー、ケアワーカーとしての女性の存在が浮かび上がる。

『沙石集』（鎌倉時代中期）には、老僧が自らの看病（介護）目的で若い尼と同棲した話がある。その結果、彼は不満を募らせた尼に殺されそうになる（巻四―一〇「上人の、妻に殺されたる事」）。

また、次のような話もある。ある高僧が中風の病で床に就き、たくさんいた弟子たちも看病に疲れて散り散りに去って行ったとき、どこからともなく若い女が現れ、丁寧に看病を始めた。最初は名乗らなかったが、年月を経て、実はかつて高僧がある女と関係をもって生まれた娘であると打ち明けた。『沙石集』は、

人の子は、男子よりも女子の方が、親に対する孝行の心も、扶養の務めも、心のこもったものであると世間で言うのも道理です。

〈原文〉
人の子に、男子《なんし》よりも女子《にょし》は、孝養《きょうよう》の心も、傅養《ふよう》の勤めも、懃《ねむごろ》なる事と申すも理《ことわり》にや
（巻四―八「上人を女看病したる事」）

とコメントしている。息子より娘の方に、老後の介護が期待されたのである。

さらに、夫の腹を荒療治するたくましい妻の話がある。寛喜の飢饉で飢えていた農夫が、山に苗代グミが実っていると聞いて出かけ、すきっ腹に思い切り食べたところ、腹がふくれて固まり、日に日に大事になっていった。妻は、ツミというもので夫の腹を掘ったが、効果はなかった。男の最期の言葉は念仏ではなく、「屁を一つして死にたい」（哀れ下風を一つひりて死なばや）というものだった。空腹に山の恵みを詰め込んだらこのようなことになるだろうと、同情するに余りあるリアルな話だが、『沙石集』は、この男はカメムシにでも生まれ変わっただろう、と素っ気ない（梵舜本巻六―八「説経師下風讃たる事」）。

ツミとは、ツム（錘）ともいい、紡錘、糸を巻く芯棒のことである（『日本国語大辞典』）。夫の大事に、同じく飢えているはずの妻は、糸巻で夫の肛門を掘るという荒療治を試みた。糸巻は女性労働を象徴する道具であったから、それを持ち出しての医療行為もまた、女性の労働だったことがわかる。

腹取りの女

古代の令制では、宮中の女性医療者として女医の制度があった。『医疾令』（第二四、一六条）には、「女医は賤民身分の官戸・婢の、一五歳以上、二五歳以下の、聡明な者三〇人が選ばれ、産科、怪我の手当、鍼灸を学び、毎月、テストを受けながら、七年まで勤務させよ」とある。七年で交代なら、大して専門的な医療はできないだろう。実際の女医の活動は『延喜式』に、一四人で白粉を作っている記録があるだけである。平安王朝時代には、女医の組織は崩壊したようで、男性の女医博士がいるだけになる。

代わって女医の仕事をしたのが、「腹取りの女」である。これは、官人ではなく私設のケアワーカーである。

『枕草子』は、「さかしきもの」（こざかじいもの）の中に、「今様の三歳児」「下衆《げす》の家の女主《おんなあるじ》」「痴《し》れたる者」と並べて、「ちごの祈りし、腹などとる女」を挙げている。

子どもの祈りをし、腹などをさすって治療する女。道具類を頼んで出してもらって、祈祷の道具を作るとて、紙をたくさん押し重ねて、とても鈍い刀で切る様子は、一枚だって切れそうにないのに、このような道具となってしまったので、自分の口まで歪めて押し切り、目のたくさんついた鋸で懸け竹を割るなどして、とても神々しく仕上げて立てて、身震いしながら祈る事は、とてもこざかしい。一方では、「何々の宮、その殿の若君、ひどく具合が悪くていらしたのを、私がすっかり拭い去ったようにお治し申し上げたので、たくさんの禄をいただいたことですよ。あの人やこの人を呼んだけれども、全然効果がなかったので、いまだに女の私を呼ぶのです。ごひいきに預かっていますよ。

〈原文〉

ちごの祈りし、腹などとる女。物の具どもこひ出でて、祈り物作る、紙をあまた押し重ねて、いと鈍き刀して切るさまは、一重だに断つべくもあらぬに、さる物の具となりにければ、おのが口をさへひきゆがめて押し切り、目おほかる物どもして、かけ竹うち割りなどして、いと神々しうしたてて、うちふるひ祈る事ども、いとさかし。かつは、「何の宮、その殿の若君、いみじうおはせしを、かひのごひたるやうに、やめたてまつりたりしかば、禄をおほく給わりし事。その人、かの人、召したりけれど、しるしなかりければ、いまに女をなむ召す。御徳をなむ見る」など語りをる顔もあやし。（第二四一段「さかしきもの」）

「いまだに女の私を呼ぶのです」という言葉には、皇族の男性が大人になると男の医者にかかるようになるのだが、いまだに小児科である私を呼ぶ、という意味であろう。

『栄華物語』には、次のような話がある。関白教通が幼い東宮実仁親王を見て、その父である故後三条院を思って涙を流したところ、実仁は、

大臣《おとど》はどうして泣くの？　どこか痛いの？　腹とりの女にとって（触れて、さすって）もらうといいよ。ぼくもそうしてるよ。

〈原文〉

大臣はなど泣く。痛き所やある。腹とりの女にとらせよかし。われもさこそはすれ。

（巻三十九「布引の滝」）

と無邪気に言ったので、教通は泣き笑いとなった。子どもは、日常的に腹とりの女にケアをしてもらっていたが、大人の男はそうではなかったのだろう。

保立道久は、腹取りの女をもっぱら助産師として捉えているが、それだけではないことが、この史料からわかる（保立、一九八六）。腹取りの女は、産婦人科・女性科、小児科を中心に、皇族から庶民に至る人々の医療・治癒を担った女性医療者であろう。

鎌倉時代の古文書には、一人の「腹取」が京都の梅小路烏丸に家地をもち、地子を負担していた史料がある（「梅小路烏丸地子注文」文永六年《一二六九》四月二十四日『東寺百合文書メ』『鎌倉遺文』一〇四二九号）。「腹取」が職業名を公式に名乗り、自立して生活していたことがわかる。

女性が多く介護・医療に従事し、中世社会の人々を支えていた事実は、あまり知られていない。こ

のことは、先の洗濯と同様に、ケガレを帯びつつ、ケガレをすすぐ、女の位置づけによるものだろう。

男装で突破しよう女人結界

女性に対するケガレ観と仏教的女性差別観によって、平安時代になると、高野山や比叡山など王権と結びついた霊山は女人禁制となり、すべての女性を嫌い、月経中であろうとなかろうと、女だろうと尼だろうと、入れないようになった（西口、一九八七）。女人結界が初めて史料に見られるのは、九世紀後半である（平、一九九二）。女性が結界の中に入ると、雷がなり、天気が動揺するのだという。阿部泰郎は、中世の文芸を広く渉猟し、女人結界は常に、それを乗り越えて推参しようとする女性たちを生み出し続けたことを明らかにした（阿部、一九八九）。

では、女性たちが、山の僧侶に制止されても、なお結界を越えて山に登ろうとしたらどうするのか。その場合は、僧たちが女性に対して殴る蹴るの暴力を振るうのである。女人結界は、女性に対する殴る蹴るの暴力によって、維持されたわけである。

鎌倉末期、正和二年（一三一三）の年号をもつ『後宇多院御幸記』（『仙蹕記《せんひつき》』）には、次のような話がある。後宇多院が高野山に御幸したとき、俄かに雷鳴とどろき雨が降った。不審に思って調べたところ、近隣の里の女たちが、見物のために、男装して結界を越えていたことがわかったので、預や行人衆が杖で打って追い払ったという（阿部、一九八九）。ここでは、皇族や貴族たちが、女人が結界を破ると雷鳴がとどろいて天変地異が起こると信じていたのに対し、里の女たちの方は、男装すれば問題ないと思っていたのであり、そのギャップが興味深い。

女人結界は、室町時代末期の十六世紀から近世初頭になると、説経節や幸若舞などさまざまな文芸でさかんに取り上げられ、批判されるようになる。説経節の中では、女人結界は親子の別離を引き起こす非人道的なものであり、幸若舞の中では、女は男よりも劣っているという女人禁制の論拠が、常盤御前や小野小町によって完膚《かんぷ》無きまでに論破されるのである。

中世から近世への過渡期において、女人結界は貴族社会のみならず、多くの人々の関心事となったようで、女人結界は議論の的となり、鋭く批判されていた。だが、その後の近世社会において、女人結界が全面的に撤廃されることはなかった。

3　女も男も同じ「人」

男女差よりも能力差

平安鎌倉時代には、男女対等な意識も健在だった。

摂関家出身の天台座主慈円は、歴史書『愚管抄』（一二一九年）の中で、日本には、男女によらず器量を先とする道理があると説く。性別よりも、個人の能力が優先されるというのである。

その言葉が現れるのは、伝説の女帝、神功皇后について記した部分である。神功皇后が妊娠中の身でありながら、男装し、大将軍として新羅・高句麗・百済を討ち取ったこと（フィクションである）、息子が生まれて東宮となった後も、六九年の長きにわたって国主であったこと、それらはみな「男女によらず天性の器量をさきとすべき道理」「母后のおはしまさんほど、たゞそれにまかせて御孝養《きょうよう》あるべき道理」（原カタカナ文）を末代の自分たちに知らしめるためにあるのだという（巻三）。なお、『愚管抄』は中世の他の書物と同様、神功皇后を女帝とし、歴代天皇の一人に数えている。

器量とは、器用ともいい、出身の家柄や身分も含めて、人に備わった能力のことを指す。器量の仁・器用の仁でない者は、非器の輩という。

鎌倉幕府法の『御成敗式目』には、「男女の号異なるといえども、父母の恩これ同じ」（一八条）という言葉がある。男女の違いがあっても父母の恩や愛情は同じである、と断言しているのだ。鎌倉時代には、男子を優遇して女子をないがしろにするような風潮は存在しなかった。親は女子も男子も同じく大切にし、女子もまた「自分は親に鍾愛された嫡女だ」と誇り高く公言したりした。

戦前の歴史家三浦周行は、平安鎌倉時代を「女性史上の黄金時代」と呼んだ。その理由として、女子に対する親の愛情や世間の尊敬（例として、源頼朝が大姫に対し「英雄もいぢらしきまでに気を揉んでいる」ことを挙げる）、女性が高い教養を身に着けていたこと、阿弥陀信仰において女人往生など女性への配慮があったこと、の三点を挙げている（三浦、一九三〇）。最後の女人往生論については、今ではむしろ差別的な思想だと批判されているが（平、一九九二）、最初の二点については、平安鎌倉時代の雰囲気をよく捉えている。

中世社会には、父系制や家父長制が成立する前からの、古代以来の、男女対等の社会慣習が根強く存在していた。鎌倉時代の家族・親族を指す言葉を見てみよう（野村、二〇〇六）。

娘も子息、男も嫁ぐ

現代では、「子息」といえば息子のことである。娘は「息女」といい、両方合わせて「子女」などという。これは奇妙な言葉である。「子」というのは男子のことではないはずだ。

中世には、男子も女子も「子息」といい、両方合わせて「男女子息」といった。ごく稀に「息女」という語もあるにはあったが、これには「息男」という対語が存在した。現代よりも、言葉が男女対等にできていた。

また、「しゅうと」という言葉を、現代では時折、「妻から見た夫の母」の意味で使う人があるが、本来誤りである。中世には、「しゅうと」は「舅」であり、「夫から見た妻の父」「妻から見た夫の父」双方を指した。ただし、当時は、舅と婿との関係の方が密で重要だったので、史料に見られる「舅」

は、「夫から見た妻の父」を指す場合がほとんどである。清少納言は、「ありがたきもの」（めったにないもの）として、真っ先に「舅にほめらるる婿」を挙げている。そのあとから、「姑に思はるる嫁の君」が続く（『枕草子』七二段）。配偶者の母は「姑」（しゅうとめ）である。

「結婚する」ことを、中世には「嫁《か》す」と言った。訓読みにすれば「とつぐ」である。現代では、「嫁ぐ」のは女の方だが、鎌倉時代には、「男○○が女○○に嫁す」「女○○が男○○に嫁す」と、男女双方から使われた。やはり、現代より鎌倉時代の言葉の方が男女対等だった。

夫婦を指す「めおと」（めをと）という言葉がある。今では、「めおと茶碗」「めおと漫才」などに残っているだけで、一般的にはほとんど使われない。中世には、夫婦のことを「妻夫」（めおと、めおっと）といった。「夫婦」（おっとめ）という言葉もあるにはあったが、ほとんど使われなかった。中世は、妻の方が先だったのだ。

中世の文書では、夫婦は互いに相手を「縁友」と記した。「縁あって友となった」という意味である。さらに、「芳縁」と書くこともあった。

現代の家族・親族名称は、家父長制が極まった近世近代に作られたものが使い続けられているのであり、それ以前の中世の言葉の方が、はるかにジェンダー対等だった。

絵巻物の夫婦

絵巻物には、しばしば、一組の夫婦が部屋の中に並んで座っている場面がある。次の三枚の図を見てほしい。

図57は十二世紀後半に成立した『粉河寺縁起』の猟師の家、図58は十四世紀初頭成立の『松崎天神縁起』の銅細工師《あかがねざいくし》の家、図59は十四、五世紀成立の『石山寺縁起』に描かれた貴族の家だ。これらの絵に見られる家内の夫婦関係や分業については、保立道久、高橋秀樹による考察がある（保立、一九八六。高橋、二〇〇四）。

一見してわかるのは、家の中での妻と夫の対等性である。妻と夫は同じ高さの床の上に座っている。夫の方が高い座に座ることはなく、妻が下座で三つ指つくようなこともない。そればかりか、むしろ、妻の方が尊重されているように見える。

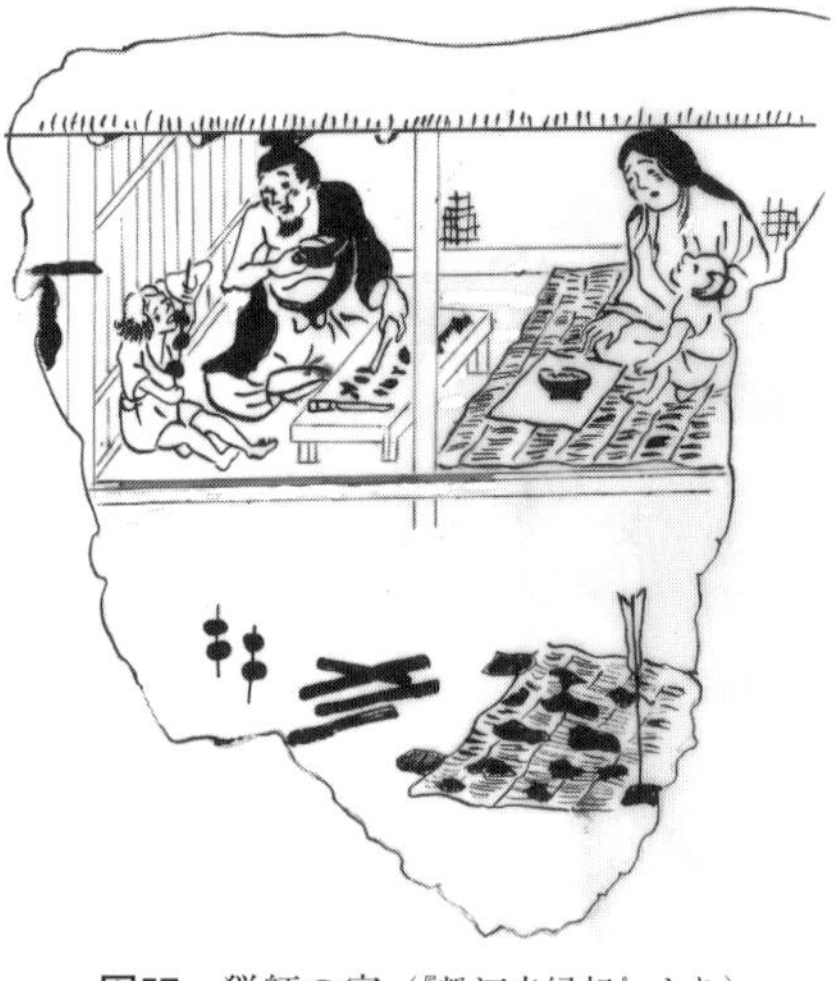
図57　猟師の家（『粉河寺縁起』より）

図57の猟師の家を見ると、妻が乳飲み子を抱いて筵の上に座り、夫と上の子は板張りの床にじかに座っている。乳飲み子がいる場合は特に妻の身体を大切にしたであろうが、たとえ赤ん坊がいなくても、それが家の中の妻の座だったのではなかろうか。また、妻だけが、椀を折敷《おしき》の上に置いている。料理をしているのは夫なので、夫が折敷に載せてサービスしたのだろうか。家の奥には土壁があり、部屋があるようだ。

図58　銅細工師の家（『松崎天神縁起絵巻』山口県防府天満宮蔵）

図59　貴族の家（『石山寺縁起』より）

図58の銅細工師の家にも、妻の座の背後に護符を貼った扉があり、そこに閉ざされた部屋がある。図59の貴族の家でも、妻の座の背後に布がかけられた奥の部屋の入口がある。これら妻の背後にある部屋は、塗籠《ぬりごめ》である。塗籠は、後世には納戸《なんど》と呼ばれ、家のいちばん奥にあり、大切なものをしまう場所であると同時に、主人夫婦の寝室でもあり、家の最もプライベートな空間であった。この塗籠について詳しく考察した保立道久は、そこが、妻の領域であることを指摘した（保立、一九八六）。

鎌倉幕府法は、妻の役割を「所領の成敗」と「家中の雑事」としている（追加法一二一条）。「家中の雑事」は、近代の家事労働とは異なり、家の財産を管理し、所領の経営をし、家族や使用人たちの指揮・管理をし、衣服を用意することであった。ここに描かれた妻たちは、官人として出仕することはなく、自ら職人としての仕事をしてはいなかったが、家の中で、家の経営者として重きをなしていたのである。これが、近代の「主婦」とは違う、「家刀自《いえとじ》」の姿である（「家刀自」の称をめぐっては、義江、二〇〇七）。

平安鎌倉時代の文学作品では、妻と夫は互いに敬語で話している。近代のように、夫が妻に対してタメ口や命令口調で話し、妻は夫に敬語で話すような、そういう夫婦関係ではなかったのである。

男と女の間には

これらの絵をよく見ると、どれもみな、妻と夫のちょうど中間に、一本の柱が描かれ、画面を左右に分割している。夫婦は同じ部屋に仲良く並んでいるが、一本の柱が、妻と夫の空間を分割しているのだ。この構図には何か意味があるはずだ。

表2　家の中の妻と夫の領域

	夫の側の空間	妻の側の空間
図57	少年（上の子）、まな板、包丁、調理箸、鹿肉、串刺しの鹿肉、椀	赤子（下の子）、敷物（荒薦）、椀、折敷
図58	小刀で木片を削る男、まな板、包丁、調理箸、魚を盛った皿、椀、別室にふいごのある工房	火を起こす下女と赤子、囲炉裏、火、鍋、串刺しの食物、箱（脇息）、猫、護符を貼った塗籠
図59	男性従者、巻物を持つ若い男（息子？）、筆、紙、硯箱、筆、文書、文机、火鉢	女房たち、童たち、縫物、糸、反物、衝立、掛布、塗籠、数珠、夜着、箱（脇息）

柱をはさんで、妻と夫それぞれの側に描かれているものを表2にまとめてみた。

これは、家の中における、妻の領域、夫の領域を表しているのだろう。夫の領域には、職能に関するもの、家を継ぐべき息子、男の従者があり、塗籠を背景にした妻の領域には、赤ん坊、家の中で働く女房や下女たち、猫があった。

二つの領域は、家の中にある限り対等だが、夫の世界は職能＝家業を通じて公的世界へ通じ、息子へと継承されていくのに対して、女の世界は塗籠へ、さらなる家の奥へと向かう。妻たちは、家の中では家刀自として権威をもつが、公的に家長として家を代表するのは夫の方であった。ただし、夫が死ぬと、妻は「後家」として、公的に家長となるのである。

男の料理・女の料理

これらの絵には、いずれも料理と食事の光景が描かれている。

図57では、猟師の夫がまな板の前に座り、獲ってきた鹿を料理し、長い箸で取り分けている。まな板の上には包丁が置かれてい

る。自分で獲ってきた獲物を料理し、家族にサービスするのは夫の仕事だったのだ。庭先には、鹿を解体して串に刺し、軒下に吊るして干す様子が見られる。子ども（息子だろう）は、肉の串を握って美味しそうにほおばっている。猟師と妻は、椀に入れた料理を食べている。鹿肉のスープだろうか。

『沙石集』には、ケチな夫が、山川で獲ってきた鮎を自分で煮ながら一人で食べてしまい、残りは鮨（なれずしのような発酵食品）にしようと漬けて置きながら、妻子には食べさせなかったので、ついに妻から離婚を申し立てられる話がある（巻九—一二「慳貪なる百姓の事」）。男が獲ってきた肉・魚を、男が料理して家族に振る舞うのは、当時の習慣だったのだ。

図58の銅細工職人も、包丁を握って魚を切り分けている。猟師でなくても、包丁で肉や魚を料理するのは男の仕事だったのだ。

「包丁の技」は、男の教養の高さを示す芸とされていった。中世末から近世初頭の世相を反映する説経節では、男同士の技比べが「弓か、鞠か、包丁か、早業か、盤の上の遊びか」と列挙されている（『小栗判官』）。室町時代には包丁の技を伝える「包丁の家」ができ、『四条流包丁書』という料理書が成立した。今でも、千葉県千倉の高家《たかべ》神社や京都の貴船神社などの祭で、式包丁が奉納されている。

一方、妻の側には、火による煮炊きが描かれている。図57では、妻の側に囲炉裏があり、火が燃えさかって鍋に湯が煮え立ち、赤ん坊を抱いた下女が火を吹いて起こしている。火を使う煮炊きは、妻の監督のもとで、使用人の女がおこなうものだった。

図59の貴族の家でも、妻の側の左隣の部屋には、食器や食材を置く棚があり、三人の女房たちが料理をしている。一人がぐらぐら煮立つ鍋を扇子であおぎ、一人は山盛りの飯を中心に椀を並べた高坏を持ち、運んでいこうとしている。やはり、米の煮炊きは女の労働だったのだ。

ただし、どの絵を見ても、妻が手ずから料理しているものはない。『伊勢物語』には、男が河内国の高安の女に通っていたが、次第に打ち解けてくると、面長な女が髪を頭にまきあげて、自ら飯を器に盛りつけるようになり、それを見た男は嫌になって行かなくなってしまった、と書かれている（髪を頭にまきあげて、おもながやうなる女の手づからいひがひとりて、笥子のうつは物に盛りけるを見て、心うがりていかずなりにけり）（第二三段）。この感覚は現代では理解し難いが、家刀自は使用人の女たちに命じて飯炊きをさせる総監督であり、自ら炊事をするのは賤しいことだ、と考えられたのだろう。

家長となる後家

「後家」という言葉は、父系の家が成立した十世紀頃に、家長死後の家を引き継ぐ遺族を指す語として成立した。それが、平安時代後期になると、夫の死後、家を継承する妻の意味になる（飯沼、一九九二）。

中世には夫の方が先に死ぬことが多かった。夫が死ぬと、これまで家の中で采配を振るっていた妻は、出家して、後家として家長の地位を継ぎ、俄かに公的世界に登場する。後家は、夫の遺産を受け継いで子どもたちに配分し、子どもたちを監督、後見した。

例えば、鎌倉時代に、大友能直の後家深妙は、「数子の母堂」「年来の夫妻」として、夫から譲られた所領（「大友能直譲状案」『志賀文書』貞応二年（一二二三）十一月二日『鎌倉遺文』三一七一号）を、八人の子どもたち（五男三女）に譲与し、花押を据えている（「尼深妙大間帳」『志賀文書』延応二年（一二四〇）四月六日、『鎌倉遺文』五五五三号）。

中世の後家の権限についてはすでに多く論じられているので、これ以上踏み込まないが、例えば平時子（平清盛後家）が壇ノ浦の戦いのときに安徳天皇を抱いて入水したのは、平家一門の家長だからである。北条政子が、尼将軍として鎌倉幕府を率いたのは、頼朝の後家で頼家・実朝の母だからである。このほか、阿仏尼（藤原為家後家）、松下禅尼（北条時氏後家）、覚山志道（北条時宗後家）から、戦国大名今川家の寿桂尼や淀殿（豊臣秀吉後家）に至るまで、中世の著名な女性の多くが、後家であった。

母の力が日本を動かす

中世は親権が強い社会で、隠居という制度は存在せず、父母が生きている限り、子どもは父母の言うことを聞かねばならなかった。だから、たとえ父親が死んで息子が次の家督を継いでも、後家となった母がいる限り、家の最高責任者は母であり、母の機嫌を損ねれば、不孝《ふきょう》（勘当）されたり、父からもらった所領を没収されたりした。

古代に母の力が強かったのは言うまでもないが、中世になって父系制の家が形成されてからも、家の存続は母の力を必要不可欠とした。そこで、女性全般の地位の低下傾向とは裏腹に、母の権限は高まった。精神的にも、母への思慕はむしろ肥大化していく傾向があった（脇田、一九九二）。

慈円（一一五五〜一二二五）は、日本の歴史を語る中で、次のように書いている。

（皇極天皇と孝謙天皇の重祚について）女人がこの国を入眼すると言い伝えられているのはこれである。その理由を仏教的に考えてみると、人間世界の生というものはすべて、母の腹に宿って人は生まれてくるのである。このときの母の苦しみは言いようがない。この苦を受けて、人を生み出すのである。そうして生まれた人の中には、阿羅漢や菩薩のような聖もあれば、提婆達多《だいばだった》やその弟子のような悪人もある。これらは皆、女人母の恩である。これによって、母を養い、敬うべき道理が明らかになったのだ。妻后と母后を兼ねたために、神功皇后も皇極天皇も天皇の位につかせられたのだ。

〈原文〉

女人此国をば入眼すと申傳へたるは是也。その故を仏法にいれて心得るに、人界《にんかい》の生《しょう》と申は、母の腹にやどりて人はいでくる事にて侍也。この母の苦、いひやる方なし。この苦をうけて人をうみいだす。この人の中に因果善悪あひまじりて、悪人善人はいでくる中に、二乗、菩薩のひじりも有り、調達《ちょうだつ》、くがりの外道《げどう》も有り。是はみな女人母の恩なり。是によりて母をやしなひうやまひすべき道理のあらはるゝにて侍也。妻后母后を兼じたるより、神功皇后も皇極天王も位に

つかせおはします也。（『愚管抄』巻三、カタカナをひらがなに直した）

慈円は、女性天皇をはじめとする女性政治家を、母后摂政として捉えている。実際には、古代の女性天皇は母后だから位についたわけではなく、孝謙天皇は妻后でも母后でもないが、中世人の慈円は、同世代の北条政子のような後家・母としての政治参加のスタイルを、日本の歴史に普く見出そうとしているのだ。

これとよく似た言説が、慈円の兄の九条兼実の日記『玉葉』に書かれている。導師の澄憲僧都が参上し、すぐに説法が始まった。説法は優美で、人々は涙を払った。その内容は、「……すべての女人は、三世諸仏の真実の母である。すべての男子は、諸仏の真実の父ではない。なぜかと言うと、仏が世に現れるとき、必ず胎内に宿る。たとえ、権化の者でも、もちろん胎生である。父は陰陽和合のことをおこなっていない。身体髪膚は、父から受けたものではない。したがって、父子の道理はないからである。これによってこのことをいえば、女は男に勝るものだろう」と云々。もっともめずらしく興ある言と謂えるだろう。

〈原文〉

導師参上（澄憲僧都）、即ち事始む、説法優美、衆人涙を払う。……一切女人は三世諸仏真実の母なり。一切男子は諸仏真実の父にあらず。故は何となれば、仏出世の時必ず仮に胎内に宿る。たとひ、権化たりとも胎生の条無論、父においては陰陽和合の儀なし。身体髪膚その父を受けず。よって父子の道理無きの故なり。これによってこれを言うに、女は男に勝るものかとうんぬん。この事、尤も珍事興有るの言と謂うべし。

（『玉葉』寿永元年《（一一八二）》十一月二十七日条、カタカナをひらがなに直し、読み下しとした）

まるで処女懐胎を思わせる説であり、兼実が「尤も珍事」と言うように、きわめて珍しく興味深い。語ったのは、当時、説法が上手いと評判だった澄憲である。

中世の人々の母への思慕は、母の現実的な権限に裏打ちされたものであった。

女も男も「人」

先に述べたように、中世社会史と史料論を牽引してきた黒田日出男は、髪型・かぶり物から中世身分制の在り方を論じ、大きな影響を与えた（黒田日出男、一九八六a）。ただし、黒田の身分制論は男だけを見たもので、ジェンダーへの言及はなかった。

黒田は、世俗の成人を「人」身分とし、成人できない「童」身分と区別した。その「人」について、黒田は次のように定義する（黒田日出男、一九八六a）。

「人」は、冠や烏帽子などの可視的身分標識によってランク付けされた、国家的官位・官職の体系（制度）で編成された統治者・被統治者の世界である。

これは、「人」の説明ではなく、「男」の説明である。果たして中世における「人」とは、「男」のことだったのだろうか。「女」は「人」ではなかったのだろうか。

周知のように『百人一首』には、「ひと」で始まる札がやたらとたくさんあるが、それらがみな男を指すわけではない。

鎌倉時代の願文には、しばしば次のような文言を見ることができる。

そもそも、人の身は受け難いもので、仏法にも遇い難いものだが、たまたまこの二縁を具えることができた。

〈原文〉

夫以、難受人身、難遇仏法、適具此二縁、

（『鎌倉遺文』六二四四号、「尼浄阿発願文」寛元元年（一二四三）十月、『根津美術館所蔵大般若経厨子銘』）

これは、尼の浄阿が出した願文で、人の身で生まれることも、仏法に出会うのも難しいことであるが、たまたま自分はその両方ができたと述べている。「人」とは、男女僧尼を問わない語であったことがわかる。

また、「人拘引《ひとかどい》」や「人質」、「人買」などの「人」も、男だけを指したわけではない。中世における「人」とは、男も女も僧も尼もみな含む概念だったのだ。中世の史料で、女のことを「人」でないと書いたものは見たことがない。

「人」の意味するところは幅広いので、身分を表す用語として設定するのはふさわしくないだろう。史料上では、「童」は成人すると「男」か「女」になる。

「男」も「女」も同じ「人」だった。それは、中世社会の前提として、揺らぐことはない。

エピローグ　烏帽子と王権

二人の結末

『とりかへばや』の二人は、その後、どうなっただろうか。

囚われの身となり女に変身させられた右大将は、男に変身した尚侍《ないしのかみ》に救出された。二人は入れ替わり、右大将は苦悩しながら尚侍になり、尚侍は迷わず右大将となり、身体の性と社会的なジェンダー役割を一致させて生きることになった。

面白いのは、帝の目を通して見た二人の美貌の描写である。新右大将は、「気品があって優美で由緒ありげな風情」（気高くなまめかしく由めけるさま）の優雅な男であり、新尚侍は、「愛敬があたりにこぼれ散るほどで、……ただわけもなく見た目に微笑ましく、深刻な悩みも忘れてしまいそうな明るさが限りない」（愛敬はあたりにも散りて、……ただすずろに見るに笑ましく、いみじからむ物思ひ忘れぬべきさまぞ、いと限りなかりける）という、明るく華やかな女になっていた。

この二人の人間性から放たれるオーラは、性が変わっても、子どもの頃のままである。新右大将は、一二歳の姫君であったころから「優美な様子がこの上ない」（なまめかしきさまぞ限りなきや）

と形容されていた。一方の新尚侍は、若君だったころから「愛敬は指貫の裾までこぼれ落ちたるやう」と形容されていた。人生の苦を知る大人の女になっても、彼女は明るく華やかで、愛敬がこぼれる散る女なのであった。

このことは、『有明の別れ』のヒロインが女に変身しても、その身の匂いが変わらなかったのと同様である。これらの物語の作者は、人間性とか人の魂といったものは、ジェンダーにかかわらず不変であると考えていたのだ。男か女かというのは表面的なことで、もっと奥に本質的な人間性がある。そういう考え方が、中世には存在していたのである。

最後に、新右大将は関白左大臣に出世し、複数の妻にかしずかれる生活を手に入れる。一方、新尚侍は、帝と結婚して中宮、国母となる。

果たしてこれは、ハッピーエンドなのだろうか。考えてしまう結末である。少なくとも、新尚侍が上った国母の地位は、政治に関与できる立場であるから、彼女の経験や能力は活かせたことだろう。

烏帽子と王権

古代から中世へと移り変わる九世紀後半には、ジェンダーの在り方が大きく変化した。その変化は、男女が差別なく存在していた古代社会に、律令制が導入されたときから、すでに始まっていた。

九世紀後半には、貴族社会で官職の家業化、世襲化が起こり、父系制の家が形成された。公の世界は男にほぼ独占され、女は私の領域へと閉ざされていった。その公の世界を表すのが烏帽子であり、私の領域を表すのが長い垂髪である。烏帽子と垂髪は十六世紀ごろまで続く。この時代が、長い中世である。

公の身分秩序は、冠・烏帽子の体系で表された。天皇は烏帽子をかぶらない超越した存在である。その天皇の下に、上皇をトップとし、位階・官職に応じた烏帽子の体系がある。

一方、古代に男と並んで公の領域で活動していた女たちは、中世になると徹底的に私の領域に押し込められるが、そのとき、女たちは、髪を上げなくなり、公式な名前もなく、顔も見えない、姿も見えない、声すら聞こえない、徹底して不可視の存在とされたのである。そして、貴族の女たちの間には、むしろ積極的に顔や姿を隠そうとする意識が広まった。それは、神や天皇と同様に、姿を見せないことが高貴性や聖性を表したからである。ただし、中には清少納言のように、顔を見せて女房勤めをすることにプライドをもつ人もいた。

ジェンダーと身分は、社会のさまざまな所で生成されるものだが、その大きな枠組みを決めるのは、政治であり、国家である。中世のジェンダーと身分の大枠は、天皇を中心とする位階・官職体系によるものであり、それを表すのが、烏帽子と垂髪だったのである。

『平家物語』は、鬼界が島の住民について、身には毛が生え、色が牛のように黒く、「男は烏帽子も著《き》ず、女は髪もさげざりけり」と述べている（巻二「新大納言死去」）（小田、一九八三）。都から遠く、王権の及ばぬ人々の野蛮な様子が、烏帽子と垂髪の不在で表わされているのだ。

中世社会にはまた、もう一つの世界があった。出家という世界である。こちらの世界にも、やはり僧と尼のジェンダーがあり、王権に連なるヒエラルキーがあった。しかし、世俗と出家という二つの世界が同時に存在していて、行き来が容易であったことは、中世の人々の人生に幅を生み、時にその生存を助けた。

中国の歴史では、一つの王朝を転覆させるような大乱を、黄巾の乱、紅巾の乱、長髪賊の乱などと、かぶり物の色や髪型で呼ぶことが多い。また、清朝は漢人に辮髪を強制し、従わない者を厳罰に処した。中国史でも、髪型とかぶり物は、それぞれの王朝のアイデンティティを示す重要な制度だったのである。

もしも、鎌倉幕府が、京都の朝廷とは別個の独立した国家・王権を樹立しようと考えたならば、まずは冠・烏帽子の体系を否定し、全く異なる髪型やかぶり物を着用したはずである。しかし、現実はそうではなかった。鎌倉幕府は朝廷から官職をもらい、故実にのっとった冠・烏帽子をかぶって、関東で政治を始めたのである。それゆえ、鎌倉幕府が天皇の王権から完全に独立した別の国家・別の王権を樹立したとはいえないだろう。

だが、そうして冠・烏帽子の体系の内部に成立した幕府は、次第に独自の武家儀礼や烏帽子の作法を考案し、じわじわと拡大させていくのである。

時は流れて十六〜七世紀、戦国時代から江戸時代の初めにかけて、烏帽子と垂髪の時代は終わっていく。江戸幕府は、かぶり物、髭、覆面、垂髪などを規制し、男女ともに顔を露わに見せることを求める。それは、近世という新たな時代の始まりであった。

史料・参考文献一覧

【史料】（書名五十音順）

『吾妻鏡』黒板勝美・国史大系編修會編、〈新訂増補国史大系〉吉川弘文館、一九八〇～八二年。

『有明けの別れ―ある男装の姫君の物語―』大槻修訳注、創英社発行、三省堂発売、一九七九年。

『和泉式部日記　紫式部日記　更級日記　讃岐典侍日記』藤岡忠美・中野幸一・犬養廉・石井文夫校注・訳、〈新編日本古典文学全集〉小学館、一九九四年。

『伊勢新名所絵歌合・東北院職人歌合絵巻・鶴岡放生会職人歌合絵巻・三十二番職人歌合絵巻』森暢編、〈新修日本絵巻物全集〉角川書店、一九七九年。

『伊勢物語』大津有一校注、岩波文庫、一九六四年。

『今鏡』竹鼻績全訳注、講談社学術文庫、一九八四年。

『宇治拾遺物語』中島悦次校注、角川文庫、一九六〇年。

『うつほ物語』一～三、中野幸一校注・訳、〈新編日本古典文学全集〉小学館、一九九九年～二〇〇二年。

『栄花物語』一～三、山中裕・秋山虔・池田尚隆・福長進校注・訳、〈新編日本古典文学全集〉小学館、一九九五～九八年。

『往生伝　法華験記』井上光貞・大曾根章介校注、〈日本思想大系〉岩波書店、一九七四年。

『大鏡』佐藤謙三校注、角川文庫、一九六九年。

『お伽草子』島津久基編校、岩波文庫、一九三六年。

『籠耳』中村幸彦・日野龍夫編『御伽草子・仮名草子・浮世草子・咄本』〈新編稀書複製会叢書〉三、臨川書店、一九八九年。

『神楽歌・催馬楽・梁塵秘抄・閑吟集』臼田甚五郎・新間進一・外村南都子・徳江元正校注・訳、〈日本古典文学全集〉小学館、二〇〇〇年。

『餝抄』東京大学史料編纂所所蔵史料目録データベース（Hi-CAT）。…………………………

https://clioimg.hi.u-tokyo.ac.jp/viewer/view/idata/400/4357/2/0000029?m=all&n=20
［QR コード］

『春日権現験記絵』宮次男、『日本の美術』二〇三、至文堂、一九八三年。

『鎌倉遺文』古文書編、竹内利三編、東京堂出版、一九七一〜九一年。

『嬉遊笑覧』喜多村信節著、日本随筆大成編集部編、成光館出版部、一九三二年。

『狂言集』北川忠彦・安田章校注、〈日本古典文学全集〉小学館、一九七二年。

『玉葉』國書刊行會編、名著刊行会、一九七九年。

『禁秘抄考証　拾芥抄』故実叢書編集部編、〈新訂増補故実叢書〉明治図書出版、一九九三年。

『愚管抄』岡見正雄・赤松俊秀校注、〈日本古典文学大系〉岩波書店、一九六七年。

『源氏物語』一（桐壺〜賢木）大塚ひかり全訳、ちくま文庫、二〇〇八年。

『源氏物語』柳井滋・室伏信助・大朝雄二・鈴木日出男・藤井貞和・今西祐一郎校注、〈新日本古典文学大系〉岩波書店、一九九三年。

『源平盛衰記』市古貞次・大曽根章介・久保田淳・松尾葦江校注、三弥井書店、一九九一年～二〇一五年。

『交替式　弘仁式　延喜式』黒板勝美編、〈新訂増補国史大系〉吉川弘文館、一九三七年。

『後宇多院御幸記』『続群書類従』四上、塙保己一編・太田藤四郎補、続群書類従完成會、一九二六年。

『校訂延慶本平家物語』一、栃木孝惟・谷口耕一編、汲古書院、二〇〇〇年。

『幸若舞3　敦盛・夜討曾我ほか』荒木繁・池田廣司・山本吉左右編注、〈東洋文庫〉平凡社、一九八三年。

『古今和歌集』窪田章一郎校注、角川文庫、一九七三年。

『小柴垣草子』リチャード・レイン著、林美一監修、河出書房新社、一九九七年。

『古事談　続古事談』川端善明・荒木浩校注、〈新日本古典文学大系〉岩波書店、二〇〇五年。

『今昔物語集』佐藤謙三校注、角川文庫、一九五四～六四年。

『西宮記』故実叢書編集部編、〈新訂増補故実叢書〉明治図書出版、一九九三年。

『山槐記』増補「史料大成」刊行会編、臨川書店、一九六五年。

『山歌集』佐々木信綱校訂、岩波文庫、一九二八年（『聞書集』も収録）。

『三宝絵　平安時代仏教説話集』出雲路修校注、〈東洋文庫〉平凡社、一九九〇年。

『三宝絵　注好選』馬淵和夫・小泉弘・今野達校注、〈新日本古典文学大系〉岩波書店、一九九七年。

『十訓抄』浅見和彦校注・訳、〈新編日本古典文学全集〉小学館、一九九七年。

『新猿楽記』川口久雄訳注、〈東洋文庫〉平凡社、一九八三年。

『説教節　山椒大夫・小栗判官他』荒木繁・山本吉左右編注、〈東洋文庫〉平凡社、一九七三年。

『沙石集』（米沢本。特に断りがない場合はこちらを用いた）小島孝之校注・訳、〈新編日本古典文学全集〉小学館、二〇〇一年。

『沙石集』（梵舜本）渡邊綱也校注、〈日本古典文学大系〉岩波書店、一九六六年。

『装束集成』故実叢書編集部編、〈新訂増補故実叢書〉明治図書出版、一九九三年。

『小右記』増補「史料大成」刊行会編、臨川書店、一九六五年。

『諸本集成　倭名類聚抄　本文編』京都大学文学部国語学国文学研究室編、臨川書店、一九六八年。

「ゐほしおり」『新群書類従』八、舞曲部、国書刊行会、一九〇六年。

『人倫訓蒙図彙』朝倉治彦校注、〈ワイド版東洋文庫〉平凡社、一九九〇年。

『中世政治社会思想』上下、石井進・石母田正・笠松宏至・勝俣鎮夫・佐藤進一・百瀬今朝雄校注、〈日本思想大系〉岩波書店、一九七二〜八一年。

『中世法制史料集』一、佐藤進一・池内義資編、岩波書店、一九五五年。

『堤中納言物語』池田利夫訳注、旺文社文庫、一九七九年。

『とはずがたり　たまきはる』三角洋一校注〈新日本古典文学大系〉岩波書店、一九九四年。

『とりかへばや物語』桑原博史全訳注、講談社学術文庫、一九七八〜九年。

『七十一番職人歌合』前田育徳会尊経閣文庫編、勉誠出版、二〇一三年。

『日本高僧伝要文抄　元亨釈書』黒板勝美編、〈新訂増補国史大系〉吉川弘文館、一九三〇年。

『日本三代実録』黒板勝美編、〈新訂増補国史大系〉吉川弘文館、一九三四年。

『日本霊異記』中田祝夫校注・訳、〈日本古典文学全集〉小学館、一九七五年。

『百人一首』島津忠夫訳注、角川文庫、一九六九年。

『平安遺文』古文書編、竹内理三編、一九四七～八一年。

『平安私歌集』犬養廉・後藤祥子・平野由紀子校注、〈新日本古典文学大系〉岩波書店、一九九四年。

『平家物語』高橋貞一校注、講談社文庫、一九七二年。

『保元物語　平治物語　承久記』栃木孝惟・日下力・益田宗・久保田淳校注、〈新日本古典文学大系〉岩波書店、一九九二年。

『前田家本　枕草子新註』田中重太郎著、古典文庫、一九四六年。

『枕草子』松尾聰・永井和子校注・訳、〈新編日本古典文学全集〉小学館、一九九七年。

『松浦宮物語　無名草子』樋口芳麻呂・久保木哲夫校注・訳、〈新編日本古典文学全集〉小学館、一九九九年。

『万葉集』武田祐吉校注、角川文庫、一九五四～五年。

『室町時代の少女革命―『新蔵人』絵巻の世界』阿部泰郎監修・江口啓子・鹿谷祐子・玉田沙織編、笠間書院、二〇一四年。

『室町時代の女装少年×姫《ボーイ・ミーツ・ガール》―『ちごいま』物語絵巻の世界』阿部泰郎監修・江口啓子・鹿谷祐子・末松美咲・服部友香編、笠間書院、二〇一九年。

『明恵上人集』久保田淳・山口明穂校注、岩波文庫、一九八一年。

『無名草子』冨倉徳次郎校訂、岩波文庫、一九四三年。

『めのとのさうし』『群書類従』二七。塙保己一編、続群書類従完成会、一九三二年。

『雍州府志』国書刊行会編、『續々群書類従』八（地理部）、続群書類従完成会、一九七〇年。

『律令』井上光貞・関晃・土田直鎮・青木和夫編、〈日本思想大系〉岩波書店、一九七六年。

『梁塵秘抄』佐々木信綱校訂、岩波文庫、一九三三年。

『歴世服飾考』故実叢書編集部編、新訂増補故実叢書五、明治図書出版、一九九三年。

＊

角川書店編集部編『日本繪巻物全集』角川書店、一九六〇〜六四年。

小松茂美編集・解説『日本の絵巻』中央公論社、一九八七〜八八年。

小松茂美編集・解説『続・日本の絵巻』中央公論社、一九八七〜八八年。

＊

金子みすゞ「私と小鳥と鈴と」『さみしい王女』（生前未発表）。

槇原敬之「世界に一つだけの花」二〇〇二年。


【参考文献】


澁澤敬三・神奈川大学日本常民文化研究所編『新版絵巻物による日本常民生活絵引』平凡社、一九八四年。

『古事類苑』吉川弘文館、一九九五〜九九年。

『国史大辞典』吉川弘文館、一九七九〜九七年。

『日本国語大辞典』小学館、初版一九七二〜七六年。

鈴木敬三『有職故実図典―服装と故実―』吉川弘文館、一九九五年。

鈴木敬三編『有職故実大辞典』吉川弘文館、一九九五年。

＊
芥川龍之介『改編　羅生門・鼻・芋粥』角川文庫、一九八九年。

阿部泰郎「女人禁制と推参」大隅和雄・西口順子編『巫と女神』平凡社、一九八九年。

飯沼賢司「人名小考―中世の身分・イエ・社会をめぐって」竹内理三先生喜寿記念論文集刊行会編『荘園制と中世社会』下、東京堂出版、一九八四年。

飯沼賢司「女性名から見た中世の女性の社会的位置」『歴史評論』四四三、一九八七年。

飯沼賢司「後家の力―その成立と役割をめぐって」『家族と女性』峰岸純夫編、吉川弘文館、一九九二年。

池田忍『日本絵画の女性像―ジェンダー美術史の視点から』筑摩書房、一九九八年。

池田理代子『ベルサイユのばら』一-九、フェアベル、二〇〇四年。

伊藤玉美『院政期説話集の研究』武蔵野書院、一九九六年。

大塚ひかり『太古、ブスは女神だった』マガジンハウス、二〇〇一年。

小田雄三「烏帽子小考―職人風俗の一断面―」『職人〈近世風俗図譜〉』三、小学館、一九八三年。

勝浦令子『女の信心　妻が出家した時代』平凡社、一九九五年。

カミュ著・宮崎嶺雄訳『ペスト』新潮文庫、一九六九年。

ギンズブルグ著・竹山博英訳『ベナンダンティ―16-17世紀における悪魔崇拝と農耕儀礼』せりか書房、一九八六年。

木村恵理「米山⑵遺跡出土の烏帽子について」青森県埋蔵文化財調査センター『研究紀要』二六、二〇二一年。

木村朗子「宮廷物語における異性装」『歴史のなかの異性装』（アジア遊学）勉誠出版、二〇一七年。

黒田日出男『境界の中世　象徴の中世』東京大学出版会、一九八六年（a）。

黒田日出男『姿としぐさの中世史』平凡社、一九八六年（b）。

黒田日出男『〈絵巻〉子どもの登場—中世社会の子ども像』河出書房新社、一九八九年。

黒田日出男『王の身体・王の肖像』平凡社、一九九三年。

黒田弘子『ミミヲキリハナヲソギ—片仮名書百姓申状論』吉川弘文館、一九九五年。

五味文彦『院政期社会の研究』山川出版社、一九八四年。

佐多芳彦「烏帽子の起源と展開」『文学部論叢』一四六、二〇二三年。

サントリー美術館図録『神の宝の玉手箱』二〇一七年。

清水克行『耳鼻削ぎの日本史』文春学藝ライブラリー、二〇一九年。

セジウィック著・上原早苗・亀澤美由紀訳『男同士の絆—イギリス文学とホモソーシャルな欲望』名古屋大学出版会、二〇〇一年。

総合女性史研究会編『史料にみる日本女性のあゆみ』吉川弘文館、二〇〇〇年。

平雅行『日本中世の社会と仏教』塙書房、一九九二年。

高橋秀樹『中世の家と性』山川出版社、二〇〇四年。

田中貴子『性愛の日本中世』洋泉社、一九九七年。

田中貴子『鈴の音が聞こえる—猫の古典文学誌』淡交社、二〇〇一年。

千野香織「嘲笑する絵画—「男衾三郎絵巻」にみるジェンダーとクラス」伊東聖子・河野信子編『おんなとおとこの誕生—古代から中世へ』（女と男の時空　日本女性史再考Ⅱ）藤原書店、一九九六年。

土谷恵『中世寺院の社会と芸能』吉川弘文館、二〇〇一年。

津田徹英『中世の童子形』〈日本の美術〉至文堂、二〇〇三年。

角田文衛『日本の女性名―歴史的展望』国書刊行会、二〇〇六年。

手塚治虫『りぼんの騎士』〈手塚治虫漫画全集四-六〉講談社、一九七七年。

鳥居本幸代『平安朝のファッション文化』春秋社、二〇〇三年。

永田瑞「仏典における女性観の変遷―三従・五障・八敬法の周辺―」大隅和雄・西口順子編『救いと教え』平凡社、一九八九年。

西山良平「王朝都市と《女性の穢れ》」女性史総合研究会編『日本女性生活史』一、一九九〇年。

西口順子『女の力―古代の女性と仏教』平凡社、一九八七年。

野村育世『北条政子―尼将軍の時代』吉川弘文館、二〇〇〇年。

野村育世『仏教と女の精神史』吉川弘文館、二〇〇四年。

野村育世『家族史としての女院論』校倉書房、二〇〇六年。

野村育世『ジェンダーの中世社会史』同成社、二〇一七年。

橋本澄子『日本の髪型と髪飾りの歴史』源流社、一九九八年。

広川二郎「服飾と中世社会―武士と烏帽子―」藤原良章・五味文彦編『絵巻に中世を読む』吉川弘文館、一九九五年。

服藤早苗『家成立史の研究―祖先祭祀・女・子ども』校倉書房、一九九一年。

服藤早苗『平安朝の女と男―貴族と庶民の性と愛』中公新書、一九九五年。

服藤早苗『平安朝に老いを学ぶ』朝日選書、二〇〇一年。

服藤早苗『平安王朝の子どもたち―王権と家・童』吉川弘文館、二〇〇四年。

服藤早苗『平安王朝の五節舞姫・童女―天皇と大嘗祭・新嘗祭』塙書房、二〇一五年。

服藤早苗『藤原彰子』吉川弘文館、二〇一九年。

細川重男『北条氏と鎌倉幕府』講談社、二〇一一年。

保立道久『中世の愛と従属』平凡社、一九八六年。

保立道久『物語の中世―神話・説話・民話の歴史学』東京大学出版会、一九九八年。

保立道久『中世の女の一生』洋泉社、一九九九年。

三浦周行『日本史の研究』第二輯、岩波書店、一九三〇年。

三田村雅子「黒髪の源氏物語」『源氏研究』1、一九九六年。

宮崎駿『風の谷のナウシカ』全七巻、徳間書店、一九八三~九五年。

山口耕一「所謂中世遺跡出土の烏帽子について―烏帽子雑考―」『研究紀要』一、栃木県文化振興事業団埋蔵文化財センター、一九九二年。

山本淳子『枕草子のたくらみ―「春はあけぼの」に秘められた思い』朝日新聞出版、二〇一七年。

山本陽子『絵巻における神と天皇の表現―見えぬように描く』中央公論美術出版、二〇〇六年。

山本陽子『絵巻の図像学―「絵そらごと」の表現と発想』勉誠出版、二〇一二年。

義江明子『日本古代女性史論』吉川弘文館、二〇〇七年。

魯迅著・竹内好訳『阿Q正伝・狂人日記・他十二篇』岩波文庫、一九五五年。

脇田晴子『日本中世女性史の研究―性別役割分担と母性・家政・性愛』東京大学出版会、一九九二年。

＊

以下に掲載したインターネット資料は二〇二三年十二月に最終確認したもの。

市原市埋蔵文化財センター研究ノート9「西野遺跡の烏帽子」……
https://www.city.ichihara.chiba.jp/maibun/note9.htm

大阪府文化財センター『摂河泉発掘資料精選』Ⅱ、二〇〇二年。……
https://www.occh.or.jp/static/pdf/data/seisen/sekkasen.pdf

岡山大学ＨＰ（プレスリリース二〇一四年七月十一日）……
https://www.okayama-u.ac.jp/tp/release/release_id207.html

岡山大学埋蔵文化財調査研究センター『鹿田遺跡』12、二〇一八年。……
https://ousar.lib.okayama-u.ac.jp/files/public/5/56007/20180509165319376921/iseki34.pdf

滋賀県文化財保護協会『あの遺跡は今！　きて・みて・さわって考古学』Ｐａｒｔ22、二〇一六年。……
http://shiga-bunkazai.jp/wordpress/wp-content/uploads/2016/02/eee4d2f81cb2d662f5045136e514a3ef.pdf

永嶋正春「西野遺跡出土の烏帽子片について」『市原市海上地区遺跡群』……

市原市文化財センター調査報告書第97集、二〇〇五年。

https://www.city.ichihara.chiba.jp/maibun/houkokusyo/097unakami.pdf

平塚市博物館ＨＰ「平塚の考古資料50選（45）男子のかぶりもの（烏帽子）」……

https://hirahaku.jp/web_yomimono/kouko/ko50-45.html

文化庁文化遺産オンライン「里字屋敷添第2遺跡出土烏帽子」……

https://bunka.nii.ac.jp/heritages/detail/549925

文化庁文化遺産オンライン「落尊面」……

https://bunka.nii.ac.jp/heritages/detail/560020

あとがき

二〇一九年秋、日本で大嘗祭がおこなわれているころ、私は中国の西安にいた。かつての唐の都、長安である。

初めて訪れた長安の印象は、子どものときから想い描いてきた雅なイメージとは違っていた。大気はカラカラに乾き、黄砂があらゆるものを茶色っぽく染めている。黄土色の土笛を売る店の店主が、「北国の春」を吹いて歓迎してくれた。さまざまな形状の美味しい麺。羊肉とクミンの香り。荒っぽい方言の響き。それらはみな、強烈に「西」を感じさせるものだった。道はまっすぐ西域へと続く。唐王朝は、この褐色の大地に、まるで色ガラスのように煌びやかな都を築き、咲き誇ったのだ。そこにあるのは、壮大なロマン。日が落ちれば、鳩摩羅什がもたらしたという菩提樹の並木が、紫色にライトアップされ、空には一片の月がかかった。

東京に帰って間もなく、中国で新型コロナウィルスが流行り始めたというニュースが報じられ、中国で知り合った人々を気遣う日々が始まった。そして、春が近づくころ、それは日本にもやってきた。私たちは、日本から出られなくなり、自宅に軟禁状態になった。これまで考えたこともなかった初めての経験であった。その「ステイホーム」期間、職場に行かないで済むのをいいことに、私は家でひたすら原稿を書いていた。そのときに、書きためた文章が、本書の基本部分となった。

毎日、夕方になると、子どもの頃にどぶ川だった暗渠をたどって、近所の道を散歩した。暗渠のほとりには、かつての銭湯や、病院がある。そして、暗渠をたどって歩くと、何故かいつも、赤い鳥居の神社に行きつくのだった。そこが、水路の結節点だったのだろう。

こうした経験を経て、私はあらためて、中世の人々が常に疫病と隣合わせで生きていたことに気がついた。咳病《しわぶきのやまい》、裳瘡《もがさ》、赤裳瘡《あかもがさ》、攪乱《かくらん》……中世の人々は、こうした疫病を疫神《えやみのかみ》たちの仕業と考えた。頻繁な改元や、祭の成立にも、疫病の流行が関連している。鴨長明の『方丈記』は、今や優れた災害文学として読み直されているが、疫病は、災害や戦争とともに人々の日常を常に脅かし、中世人の思惟に影響を与えた。この事実を見ずして、中世の人々を理解することはできまい。私は大いに反省した。

コロナ禍の始まりのころ、アルベール・カミュの小説『ペスト』が世界的に話題になったので、読んでみた（宮崎嶺雄訳、新潮文庫、一九六九年）。それは、ペストの流行によって封鎖されたアルジェリアの架空の都市を舞台に、人々の葛藤と人間模様を描いた物語であり、読み始めるとどんどん引き込まれて、とても面白かった。だが、やがて気づいた。この小説には、女性が登場しないのだ。主要な登場人物はみな男性で、そのパートナーたちは、あらかじめ周到に遠ざけられている。これは、女性がいない世界で、男たちの生き様と友情を描く、きわめてホモソーシャルな物語なのだった。

だが、実際のコロナ禍では、女性へのしわ寄せがきわめて大きく、ジェンダーによる差別が表面化し、深刻となった。中世日本ではどうだったのだろうか。いろいろ考察すべき課題がみつかったが、本書にはまだ活かせなかった。それはまた、今後の課題としたい。

コロナ禍は、とりあえず終息したものの、この間にいろいろあって、世界は悲惨なことになってしまった。希望の在りかを探し求めるとき、私はいつも、この言葉を思い出す。

思うに希望とは、もともとあるものともいえぬし、ないものともいえない。それは地上の道のようなものである。もともと地上には道はない。歩く人が多くなれば、それが道になるのだ。

（魯迅「故郷」、竹内好訳）

私も、地上の道を一歩ずつ、歩いていくとしよう。

二〇二三年秋

野村育世

いにしへびとの世界①

烏帽子《えぼし》と黒髪《くろかみ》

――中世ジェンダー考――

■著者略歴■

野村育世（のむら　いくよ）

1960年　東京都生まれ
早稲田大学大学院文学研究科（日本史専攻）博士後期課程満期退学
博士（文学）
高知県立高知女子大学助教授、早稲田大学非常勤講師を経て、
現在、女子美術大学付属高等学校・中学校教諭。

〔主要論著〕
『北条政子―尼将軍の時代―』吉川弘文館、2000年
『仏教と女の精神史』吉川弘文館、2004年
『家族史としての女院論』校倉書房、2006年
『絵本日本女性史１―原始・古代・中世―』大月書店、2010年
『ジェンダーの中世社会史』同成社、2017年
「有田焼の創始者 百婆仙についての基礎的研究」『日本研究』62、
2021年

2024年1月30日　初版発行

著　者　野　村　育　世
発行者　山　脇　由　紀　子
印　刷　藤　原　印　刷㈱
製　本　協　栄　製　本㈱

発行所　東京都千代田区平河町1-8-2
山京半蔵門パレス（〒102-0093）　㈱ 同成社
TEL　03-3239-1467　振替　00140-0-20618

ISBN978-4-88621-931-2 C1321